Gerda Greschke-Begemann | Peter Greschke

Warum funktioniert der Computer wieder nicht?

Heiter – satirischer Ratgeber zu digitalen Generationskonflikten

Bibliografische Information der Deutschen Nationalbibliothek:
Die Deutsche Nationalbibliothek verzeichnet diese Publikation in der
Deutschen Nationalbibliografie; detaillierte bibliografische Daten
sind im Internet über http://dnb.dnb.de abrufbar.

© 2013 Gerda Greschke-Begemann

weitere Mitwirkende: Peter Greschke
Kontakt: greschkebegemann@gmail.com

Herstellung und Verlag: BoD – Books on Demand, Norderstedt

ISBN: 978-3-7347-8525-2

Inhaltsverzeichnis

Wenn der Sohn zum Kotzbrocken wird (Mutter) 7

Das Problem sitzt immer vor dem Monitor (Sohn) 10

Das Biest ist einfach undurchschaubar (Mutter) 13

Das Mysterium der Ordnerstruktur (Sohn) 15

Der reinste Irrgarten (Mutter) 18

Copy and Paste (Sohn) 21

Textverarbeitung - meine Hassliebe (Mutter) 28

Speicherplatz (Sohn) 37

Von wegen logisch... (Mutter) 43

Problemlösung (Sohn) 47

Never change a running System (Mutter) 52

Der Bilderrahmen (Sohn) 57

Töchter sind nicht zuständig, Söhne schon! (Mutter) 60

Die Sache mit dem Netz (Sohn) 62

Diebisches Internet (Mutter) 66

Telefonrechnung als .exe (Sohn) 70

Zum Beispiel E-Mails (Mutter) 78

Gefahrenabwehr im Internet (Sohn) 83

Die elenden Passwörter (Mutter) 89

Der richtige Umgang mit temporären
Wahrnehmungsstörungen (Sohn) 94

Wie ich mir das System wünschen würde (Mutter) 96

Wie mache ich den Computer idiotensicher (Sohn) 108

Bin ich hier etwa das Versuchskaninchen? (Mutter) 112

Facebook (Sohn) 116

Facebook (Mutter) 118

Zweiter Anlauf Tablets mit intuitiver Steuerung (Sohn) 122

Tablets und Touchscreens (Mutter) 129

Fernsehen aus dem Internet ist Pfui (Sohn) 134

In meinem Drucker wohnt ein Gespenst (Mutter) 138

Was ist eigentlich diese Cloud (Sohn) 141

Wolkenkuckucksheim (Mutter) 147

Windows 8 - und weiter geht die Reise (Sohn) 153

Das Handy der Großeltern (Mutter) 156

Freiheit im Netz (Sohn) 159

Digitalis (Mutter) 165

Nein, es geht eben nicht ohne Internet und
Computer (Sohn) 170

Was soll ich denn noch alles lernen (Mutter) 182

Bleiben Sie optimistisch! (Sohn) 184

Wenn der Sohn zum Kotzbrocken wird (Mutter)

Eigentlich ist mein Sohn ganz gut gelungen, also grundsätzlich ein angenehmer Zeitgenosse. Außer, wenn ich mal seine 'digitale' Hilfe brauche.

„Ich werde bald wahnsinnig, jetzt ist der untere Bildschirmrand auch noch verschwunden...", schimpfe ich zum Beispiel.
„Kann überhaupt nicht sein. Ich sehe den kompletten Bildschirm doch von hier aus... Er hat sich nicht entmaterialisiert!"

Eine besonders perfide Antwort, denn mein Sohn weiß genau, dass ich die Anzeigeleiste mit den vielen Symbolen unten im leuchteten Monitorbereich meine.

„Mensch, ich kann jetzt überhaupt nichts mehr anklicken, hilf mir mal."
„Was weiß ich, was du da wieder gemacht hast, mach es doch rückgängig."
„Kann ich nicht, ist doch alles weg! Ist einfach von allein passiert."
„Glaub mir, das Problem sitzt vor dem Rechner, nicht darin", kommentiert der Sohn gefühllos.
„Ich habe aber nichts gemacht, jedenfalls nicht absichtlich. Jetzt guck doch mal und hilf mir endlich!"

Gute Söhne würden jetzt bestimmt sofort zur Rettung ihrer Mutter eilen. Meiner nicht. Obwohl ich doch ganz klar in Not bin, nimmt er mich nicht ernst, sondern startet eine überflüssige Diskussion.

„Muss das jetzt sofort sein? Du wirst doch noch wissen, was du zuletzt eingegeben hast. Mach das einfach rückgängig."

„NEIN! DAS WEISS ICH EBEN NICHT! Du bist ein widerliches A..."

Ich breche das Wort eben noch rechtzeitig ab. "Kotzbrocken" verkneife ich mir auch. Nur weil ich laut geworden bin, erhebt er sich jetzt sehr langsam und sehr widerwillig. In weniger als einer Minute hat er meinen Bildschirm in Ordnung gebracht.

Eine Standardsituation. So oder ähnlich sieht ein Streit zwischen uns aus, und zwar seit Jahren. Mein Sohn Peter bildet sich nämlich ein, ich würde seine Hilfe nur anfordern, um ihn zu beschäftigen. Das ist natürlich Blödsinn. Mir passieren einfach solche Fehler, die er nicht nachvollziehen kann. Und weil er am Computer viel besser ist als ich, sollte es doch normal sein, dass er mir hilft, wenn ich Probleme habe. Als er klein war, habe ich ihm jahrelang doch auch immer geholfen - und zwar, ohne mich zu sträuben.

Unser Dauerstreit am Computer liegt nur an dieser fiesen Digital-Technik und nicht daran, dass ich besonders verblödet wäre. Nein, ich bin durchaus lernfähig und irgendwann merke ich mir eine notwendige Vorgehensweise. Wenn nur die Anwendungen und Bedienfunktionen des Computers sich nicht dauernd ändern würden! In meinen Computernöten bin ich übrigens nicht allein, meinen Freundinnen geht es ganz ähnlich. Ständig müssen wir umlernen. Kann man es uns übel nehmen, wenn wir mal unseren Nachwuchs fragen? Die wissen das doch sowieso besser und es spart Zeit, nicht alles mühsam selbst ausprobieren zu müssen. Wo sonst, wenn nicht am Computer, sollten wir unsere Generationskonflikte wohl austragen?

Mein Sohn findet, es wird alles einfacher. Mag vielleicht sein, aber nur für diese jüngeren Leute, deren Gehirne digital programmiert wurden, weil sie seit frühester Kindheit am Computer gespielt haben. Oder für die ganz Alten, die schon immer kritiklos alle Kommandos befolgten. Wahrscheinlich gehorchen die sogar den Benutzerhandbüchern und haben immer eine Liste mit den häufigsten Befehlen neben sich auf dem Tisch liegen. Ich hingegen arbeite lieber spontan, gelegentlich schreibe ich sogar ein paar Merkzettel, doch die finde ich nie so schnell wieder, wie ich sie brauche. Wenn ich solch einen Zettel wiederfinde, dann ist der wahrscheinlich längst wieder veraltet. Computer werden jedenfalls nicht einfacher. Im Gegenteil.

Das Problem sitzt immer vor dem Monitor (Sohn)

"Ich habe nichts gemacht. Der Ordner ist ganz von alleine verschwunden. Das war bestimmt das letzte Update. Du hast ja gesagt, ich soll das immer erlauben."
Die Klagen meiner Mutter mutieren blitzschnell zur Anklage.
"Ja sicher, die Updates löschen wahllos deine Urlaubsfotos..."
Meine Zustimmung gefällt ihr auch nicht. :->

Bei meiner Mutter herrscht der feste Glaube, dass ihr Computer einen eigenen Willen hat oder zumindest in regelmäßigen Abständen zufällige Fehler produziert. Dass er zum Beispiel einzelne Urlaubsfotos verlieren kann. Vermutlich werden die aus dem Lüfter geblasen... oder fallen aus den Steckbuchsen... Der Computer ist jedoch nur eine Maschine und er macht nur das, was man ihm sagt. Nicht mehr und nicht weniger. Darüber hinaus passieren keine Fehler. Es gibt nur zwei Möglichkeiten, dass etwas schief laufen kann: entweder hat man ihm falsche Anweisungen gegeben -und das ist meistens der Fall!- oder in seltenen Ausnahmefällen wurde wirklich mal etwas fehlerhaft bzw. falsch programmiert. Bleibt allenfalls noch die Unwahrscheinlichkeit einer defekten Hardware, was ein anderes Thema wäre.

Der normale Anwender trifft so gut wie nie auf den winzigen Graubereich dieser Fehlermöglichkeiten. In 99% aller Fälle ist der Nutzer selber das Problem. Nur meine Mutter bringt es

hierbei auf 120%. Mathematisch geht das nicht, ich weiß, aber meine Mutter überwindet sogar Mathematik. Keine Ahnung, wie das möglich ist. Sie hat jedoch die Gabe, auch dort Fehler zu erzeugen, wo das normal gar nicht möglich ist.
Rein objektiv betrachtet sollte ihr die digitale Welt doch viel vertrauter sein als mir. Schließlich hat sie schon mit Computern gearbeitet, bevor ich überhaupt existierte.

Woher kommt also ihre Verweigerungshaltung? Warum bin immer ich der Leidtragende, der permanent den Erklär-Bären spielen muss? Nach fünfzehn Jahren meiner entsprechenden Tätigkeit könnte man doch erwarten, dass bei meiner Mutter ein gewisser Lernfortschritt erzielt wurde. Aber nein, um meinen Frust zu toppen, geraten wir immer wieder bis zurück zu den Basics.
"Ja, aber das Programm startet doch erst, wenn du zweimal drauf klickst. Einen sogenannten Doppelklick machst!"
In Situationen, wo ich so etwas erklären muss, frage ich mich, wie sie die letzten Jahrzehnte überhaupt klargekommen ist. Oder, warum sie alles sofort wieder vergisst.

Klar, es war naiv zu versuchen, meiner Mutter beizubringen, wie man Daten auf CDs brennt. Doch zumindest lerne ich aus solchen Fehlern und habe nach einer anstrengenden Reise mit meiner Mutter durch die digitale Welt Wege und Lösungen gefunden, mit ihrer Verweigerungshaltung umzugehen. Dafür habe ich den Computer möglichst 'einfach' (idiotensicher) vorkonfiguriert. Als erstes gehörte dazu, gänzlich auf ein CD-ROM Laufwerk zu verzichten.

Was mich beruhigt ist, dass meine Freunde von ähnlichen Phänomenen berichten. Obwohl keiner von uns den Umgang mit dem Computer aktiv vermittelt bekommen hat, haben wir uns interessiert in diese Welt begeben, indem wir sie einfach nutzten. Solch positive Offenheit für Neues ist an unseren Eltern irgendwie vorbeigegangen. Stattdessen wird a priori von uns erwartet, alle Kniffe zu kennen und ständig beratend zur Verfügung zu stehen.

Meine Mutter ist offensichtlich noch in Denkstrukturen gefangen, die aus einem längst vergangenen prä-digitalen Zeitalter stammen. Ich meine damit jene Zeit, als die Welt noch schwarz-weiß war und analog funktionierte.
Entweder weigert sie sich oder ist außerstande, die simplen Mechanismen der Digital-Technik anzuwenden. Lesen, Schreiben und selbst Rechnen beherrscht sie und kann sogar mit einer Bohrmaschine umgehen, wenn absolut kein Mann (z.B. ich) greifbar ist. Zwar arbeitet sie mit dem Computer, aber immer mit einem unterschwelligen Misstrauen, das bis zu Feindseligkeit reicht. Dabei braucht sie doch die bekannten und geläufigen Alltagsprinzipien nur ein wenig zu abstrahieren und auf digitale Systeme anzuwenden. Mehr ist das doch nicht! Stattdessen unterstellt sie dem Rechner ein bösartiges Eigenleben.

Das Biest ist einfach undurchschaubar (Mutter)

Wenn ich meinem Sohn und sonstigen Quellen glauben kann, sind die Gehirne der heutigen Computer nur kleine Schaltplättchen mit irgendwelchen molekül-winzigen Quarzkörnchen und Metallkrümelchen darauf. Oder so ähnlich. Manchmal gehen elektrische Impulse hindurch, manchmal nicht. Entweder ja oder nein, eins oder Null, immer nur zwei Möglichkeiten, das nennt sich digital. Klingt fortschrittlich? Nein, ich finde, es klingt sehr beschränkt.

Ich stelle mir also vor, dass Strom fließt, wenn ich eine Taste drücke. Kann aber nicht stimmen, weil ich überhaupt nicht so schnell drücken kann, wie diese Impulse hin und her flitzen und übrigens passiert auch sehr viel, ohne dass ich überhaupt etwas tue. Das ärgert mich, weil ich nicht nachvollziehen kann, wie diese Rechner wirklich funktionieren. Dies macht es den Mitmenschen leicht, immer dem Anwender, also mir, die Schuld zu geben, wenn Fehler auftreten. Ehrlich, ich fände es gar nicht überraschend, wenn auch mal Fehlströme auf so einer Platine entstünden und Daten umleiten oder zerlegen. Das Wort Wackelkontakt benutze ich lieber nicht mehr, seit mein Sohn Peter daraufhin mal einen seiner seltenen Temperamentsausbrüche hatte.

Er sucht die Fehler meines Computers natürlich auch immer bei mir.

"Und wenn vielleicht doch dieses Update was kaputt gemacht hat?" frage ich.
"Dann würden tausend andere Befehle auch nicht ausgeführt."
"Ich meine natürlich, ob die Veränderungen auch Nebenwirkungen haben können. Zum Beispiel meine Datei löschen. Oder unauffindbar verstecken."
"Die Original-Updates sind zuverlässig. Sie haben keine Viren."
Davon ist Peter überzeugt, doch mir fehlt solches Technik-Vertrauen. Wie soll ich beurteilen, ob da ein Schädling installiert wird oder nur eine Verbesserung? Mein Sohn empfiehlt mir kalt, doch einen Virenscan des Systems durchzuführen. Damit bleibt er jedoch in seiner digitalen Logik gefangen, finde ich.
"Wenn aber was kaputt ist, kann es vermutlich auch keine Viren finden."
"Willst du dir jede Woche neue Festplatten und Programme kaufen?", fragt er gereizt. "Ich baue die jedenfalls nicht ein und installieren kannst du dann auch selber!"
Ich sage lieber nicht, was ich denke:
"Kann ich mir überhaupt nicht leisten. Und wie soll ich feststellen, ob mit den neuen Sachen alles in Ordnung ist? Man kann es einfach nicht sehen oder ausprobieren."
Mein Sohn versteht mich absolut nicht, verweigert jede Einfühlung in meine Zweifel an einer digitalen Unfehlbarkeit. Eigentlich sollte es ihm peinlich sein, dass er kritiklos der neuen Technik wie einem Naturgesetz glaubt. Ich kann das nicht. Ich muss ein Nachkomme des ungläubigen Thomas' aus der Bibel sein.

Das Mysterium der Ordnerstruktur (Sohn)

Stellen Sie sich mal vor, Ihre Mutter steht in der Küche vor dem geöffneten Kühlschrank und wundert sich, warum sie ihre Schuhe nicht finden kann. Und dann versuchen Sie mal, diese Situation gelassen, entspannt und respektvoll aufzulösen. Und das seit über zehn Jahren immer wieder aufs Neue.
Klingt absurd? Unrealistisch? Nein, das es ist der reale Irrsinn bei uns.
Ersetzen Sie nur "Küche" durch den Ordner "Eigene Dokumente", "Kühlschrank" durch den Ordner "Downloads" und "Schuhe" durch "private Anschreiben".
Schon ist das Mysterium der Ordnerstruktur zum Leben erwacht.

Seit mindestens einem Jahrzehnt bin ich unermüdlich damit beschäftigt, meiner Mutter immer wieder aufs Neue das Konzept der Ordnerstruktur beizubringen. Aus unerfindlichen Gründen ist es ihr jedoch nicht möglich, dieses System zu begreifen bzw. das Wissen über einen längeren Zeitraum zu speichern. Dabei sind die Prinzipien der Ordnerstruktur nicht nur ungemein banal, sondern auch der physischen Welt eins zu eins nachempfunden. Endlos oft habe ich ihr das erklärt.

Stellen Sie sich vor, Sie hätten einen begrenzten Raum zur Verfügung, um Sachen zu lagern. Dann wäre der nächste logische Schritt doch, dass Sie sich den Raum der Übersichtlichkeit halber in kleinere Einheiten unterteilen. So, wie die Räume eines Hauses dieses unterteilen für jeweils unterschiedliche Verwendungen. Die Küche ist halt zum Kochen vorgesehen. Da Sie aber Ihre Töpfe und Lebensmittel nicht auf dem Fußboden lagern wollen, werden Sie auch in der Küche Unterteilungen schaffen durch Schränke. Diese wiederum haben verschiedene Regale und Schubladen. Um es ganz ordentlich und übersichtlich zu halten, unterteilen Sie die Schubladen noch in kleine Fächer, so dass Gabeln und Messer jeweils ihr eigenes Fach haben.

Benötigen Sie nun eine Gabel, betreten Sie als erstes das Haus, falls nicht schon erfolgt. Dann gehen Sie in die Küche. Dort öffnen Sie im Schrank die Schublade und hier nehmen Sie die Gabel aus dem entsprechenden Fach. Das klingt doch soweit logisch, oder? Will ich die Schublade mit den Gabeln öffnen, sollte ich dafür sinnvoller Weise auch bereits in der Küche vor dem Schrank stehen.

Diesen wirklich banalen Sachverhalt beherrscht schon jedes zweijährige Kind. Wie kann es sein, dass solches Basiswissen schlagartig bei meiner Mutter nicht mehr verfügbar ist, wenn es sich um einen Computer handelt?

Was für mich wirklich schlimm ist an meiner Mutter, ist die Kurzlebigkeit ihrer Erkenntnisse und dass ihr (geheucheltes?) Verständnis nie von Dauer ist.

So kann es ihr von jetzt auf gleich zur absoluten Unmöglichkeit werden, ein Bild von einem Ordner in einen anderen zu kopieren. Gleichzeitig beherbergt sie aber eine beträchtliche Anzahl an USB-Sticks in einer albernen Schachtel, auf denen sie ihre Dokumente und Bilder abgespeichert hat. Der

Vorgang, ein Bild von einem Ordner in einen anderen zu verschieben ist identisch mit demjenigen, das Bild auf einen USB-Stick zu verschieben. Wie ist es möglich, dass sie das eine kann, das andere aber nicht?? ':-/

Der reinste Irrgarten (Mutter)

Die Möglichkeiten meines Rechners, mich zur Verzweiflung zu treiben, scheinen unbegrenzt. Eine immer wiederkehrende Situation ist, dass ich ein Dokument aufrufe, etwas darin verändere, aktualisiere oder einfach nur als Vorlage nutzen möchte. Seit Jahren weiß ich, dass ich nun meine neue, geänderte Version woanders oder unter anderem Namen speichern muss, damit das ursprüngliche Dokument ebenfalls erhalten bleibt. Im Ergebnis habe ich dann irgendwie immer mehrere gleichlautende Dateien und mein schlauer Rechner fragt, ob er eine bereits vorhandene Datei mit gleichem Namen jetzt überschreiben soll.

Wenn mich irgendetwas verunsichert, dann sind es solche Fragen. Wie soll ich wissen, welche der gleichlautenden Dateien die aktuelle ist? Besorgt speichere ich lieber beide, besonders wenn es lange Dokumente sind, in denen viel Arbeit steckt. Dafür muss ich einen der beiden gleichen Dateinamen verändern, füge also z.B. eine 2 an. Dann muss ich die Dokumente wieder öffnen und schauen, welche denn nun die neue ist. Je länger das Dokument, desto mehr Zeit brauche ich dafür. Meist stelle ich fest, dass ich ausgerechnet die ältere Datei versehentlich mit der Zahl 2 erweitert habe. Ich versuche, mir das zu merken. Zwischendurch kommt vielleicht ein Anruf oder jemand aus der Familie will etwas von mir.

Danach herrscht bei mir totale Verunsicherung: Welches Dokument war noch mal welches? Bloß keine Arbeit verlieren!

Lieber vorsorglich eine Sicherungskopie anlegen auf dem Memory-Stick, später muss ich die überflüssigen Dateien ja nur noch löschen... Dann geht das Herumirren aber erst richtig los. Inzwischen sind etliche Dateien mit gleichem und ähnlichem Namen vorhanden, einige auf dem Stick, einige im ursprünglichen Ordner und mindestens eine auf dem Desktop und eine andere lose zwischen den Ordnern schwirrend. Ich habe längst die Übersicht verloren und je mehr ich mich ärgere, desto hoffnungsloser werden meine Versuche, alles wieder zu sortieren. Garantiert lösche ich genau die falschen Dateien und nur endloses Suchen im Papierkorb kann eventuell meine Arbeit noch retten. Ich bin diese Verwechslungen leid und gebe daher dem aktuellen Dokument einen gänzlich anderen Namen, den ich übermorgen leider vergessen haben werde.

In letzter Zeit versuche ich einen neuen Kniff, um die Fehlerquote beim Speichern und anschließenden Suchen zu verringern. Ich setze das Tagesdatum hinter den Dateinamen. Das hilft aber nur, wenn ich mir sofort nach dem Öffnen eine Kopie der Datei anlege, darin arbeite und vor dem Speichern daran denke, den Befehl "Datei umbenennen" auszuführen. Es gibt unzählige Gründe und Ablenkungen, warum ich das oft vergesse. Dann geht das Ganze wieder von vorne los.

Wenn ein Dokument erst einmal geöffnet ist, kann ich nicht mehr sehen, auf welcher Ebene oder in welchem Ordner ich mich jetzt befinde. Ich bin ratlos. Speichern ist aber immer gut. Ja, und dann kommt wieder diese Frage, ob die vorhandene Datei überschrieben werden soll. Wahrscheinlich soll sie das nicht, und schon bin ich erneut verloren im Irrgarten. Warum schreibt mir der Rechner nicht genau oben neben den Dateinamen, in welchem Ordner, auf welcher Ebene, Festplatte oder welchem Memory-Stick ich gerade bin? Er ist doch sonst so schlau!

Copy and Paste (Sohn)

Viele Wege führen nach Rom. Und beim Computer führen erst recht viele Wege zum Ziel. Mich beeindruckt, wie zielsicher meine Mutter den aufwändigsten findet, wenn sie überhaupt einen Weg findet.

Mit einer gewissen Faszination kann ich eines Tages ein besonders - sagen wir mal 'ausgeklügeltes' - Verfahren zum Verschieben von Textdokumenten bei meiner Mutter beobachten. Ihre selbstgestellte Aufgabe besteht darin, mehrere Textdokumente auf einen USB-Stick zu verschieben. Die wohl schnellste Variante zur Bewältigung dieser Arbeit wäre es, alle Dateien mit der Maus zu markieren und entweder direkt mit der Maus ins angezeigte Medium zu verschieben oder mit dem Befehl "Ausschneiden" und "Einfügen" zu arbeiten. Oder alternativ mit dem Befehl "Senden an".

Meine Mutter jedoch findet einen Weg, auf den ich nie gekommen wäre: Sie öffnet eines der Textdokumente, unter Datei geht sie auf "Speichern unter" und speichert das Dokument erneut auf dem USB-Stick. Anschließend löscht sie das Ursprungsdokument und wiederholt diese Prozedur mit allen weiteren Dokumenten. Was mich dabei besonders fasziniert, ist nicht die extreme Umständlichkeit des Verfahrens oder dass sie - wieder einmal - vergessen hat, was ich ihr schon tausendmal erklärt habe, sondern dass sie ausgerechnet dieses Verfahren selbst entwickelt hat und überzeugt ist, solches Vorgehen sei normal. :-O

Ich meine, ab einem gewissen Grad von Umständlichkeit muss man doch mal überlegen, ob die Erfinder sich das wirklich so ausgedacht haben können. Okay, den Jungs von Microsoft trau' ich einiges an Mängeln zu (weshalb deren Betriebssystem auch nicht auf mein Handy kommt), aber dass sie keine Möglichkeit vorsehen, Dateien zu verschieben, ohne diese zu öffnen und neu abzuspeichern?!? Niemals würde ich derart kompliziert wie meine Mutter verfahren, sondern sofort herauszufinden versuchen, wie es effektiver geht. Meine Mutter jedoch ist unkritisch davon überzeugt, dass es nun mal so üblich ist. Ihr Glaube, dass Arbeiten am Computer kompliziert und umständlich sein muss, mündet offenbar darin, dass sie ihre Arbeitsweise notfalls selber künstlich verkompliziert. Wenn sie so was braucht...:-|

In normalen Fällen tendiere ich zum Ignorieren ihrer spezifischen Methoden.
"Okay, ist zwar nicht der schnellste Weg, aber wenn sie damit klar kommt...", sage ich mir.
Denn erfahrungsgemäß ist das Risiko hoch, dass meine noch so gut gemeinten Verbesserungsvorschläge und Empfehlungen bei meiner Mutter Verwirrung verursachen und ihr nicht weiterhelfen. Und sie muss schließlich nicht immer die ausgefeiltesten Methoden anwenden. Doch im oben beschriebenen Fall geht es mir zu weit. Ihr Vorgehen beim Verschieben von Dateien ist ja damit vergleichbar, als würde

man jedes Teil des Wocheneinkaufs einzeln kaufen und nach Hause bringen. Das muss wirklich nicht sein, also möchte ich ihre Arbeit vereinfachen.

Interessanterweise ist es bei diesem Vorhaben nicht besonders schwierig, meiner Mutter die Handhabung zu vermitteln. Stattdessen liegt die Herausforderung darin, ihr zu erklären, dass das Erstellen von Kopien einer bestehenden x-beliebigen Datei (egal wie viele Seiten Text) für den Computer absolut trivial ist und er übrigens auch mehrere Dateien gleichzeitig verarbeitet. Der eigentliche Kopierprozess ist für den Rechner total simpel, er muss nur gesagt bekommen, was kopiert werden soll und wohin. Es reicht dafür schon, die noch ungeöffnete Datei bereits im Verzeichnis zu markieren und dort den Befehl zum Kopieren zu geben.

Leider ist schon das Markieren für meine Mutter nicht immer einfach, denn auch hier bietet sich eine Fülle von Möglichkeiten. Welche könnte wohl die einfachste für meine Mutter sein? Da sie bis heute den ordinären Doppelklick nicht zuverlässig beherrscht - sie lässt den Mauszeiger dabei gerne mal verrutschen - klickt sie eine Datei oder Anwendung nur einmal an und drückt anschließend "Enter" auf der Tastatur. Die Möglichkeit, im Verzeichnis mit der Maus einen Rahmen um mehrere Dateien zu ziehen, um diese auszuwählen, bewundert sie jedes Mal aufs Neue, wenn ich sie ihr zeige. Wegen ihrer fahrigen Art, mit der Maus umzugehen, versuche ich, ihr die STRG-Taste nahe zu bringen. Damit hat sie immer ausreichend Zeit, kann den Prozess sogar unterbrechen und vor allem wird keinerlei Feinmotorik vorausgesetzt.

"Also, um mehrere Dateien gleichzeitig zu markieren, hältst du die STRG-Taste gedrückt, während du alle Dateien, die du kopieren möchtest, anklickst. Dann drückst du mit der rechten Maustaste in die markierten Dateien und wählst "verschieben" oder "kopieren" aus."

Daraufhin drückt meine Mutter einmal auf die STRG-Taste, lässt sie wieder los und klickt sich munter durch die Dateien. Ich schaue mir diesen Vorgang erst einmal schweigend an und überlege mir, ob sie das extra macht. Vielleicht will sie mich provozieren.

"Ich habe gesagt, STRG gedrückt halten."

Zweiter Versuch. Das gedrückt Halten der Taste bindet anscheinend einen Großteil ihrer Konzentration, daher trifft meine Mutter nicht alle Dateien beim Anklicken. Nicht ohne dies zu kommentieren:

"Warum macht der das jetzt nicht?"

"Weil du daneben gedrückt hast."

"Nein, hab ich nicht."

Nun macht sie einen Doppelklick auf die soeben verfehlte Datei. Damit wird diese markiert und sofort wieder demarkiert.

"Siehste, der macht das nicht!", beschwert sie sich.

Ich hole tief Luft, in mir wächst die Überzeugung, dass sie das absichtlich macht.

"Einmal anklicken, einmal!"

"Hab ich."

"Jetzt klick die scheiß Datei an. Einmal!"
Sie klickt. Die Datei ist markiert, nur alle anderen nicht mehr. Sie hat die STRG-Taste losgelassen. :-I
Meine Mutter ist überrascht vom wundersamen Vorgang, ich bin extrem genervt, nähere mich meiner Belastungsgrenze.
"Warum hast du die Taste losgelassen?"
Okay, dritter Versuch. Diesmal gelingt es, alle Dateien fehlerfrei, wenn auch unerträglich langsam zu markieren. Erleichtert erkläre ich:
"So, jetzt mit der RECHTEN Maustaste auf eine der Dateien klicken."
"Auf welche denn?"
"Ist egal."
Nach ausführlicher Abwägung einer Entscheidung klickt sie natürlich daneben. Sie trifft nicht mal das geöffnete Fenster, sondern ein zweites im Hintergrund. Die Dateien sind nicht mehr markiert, ihr Fenster springt in den Hintergrund, das zweite in den Vordergrund. Meine Mutter ist verblüfft, ich bin fassungslos. :-O WTF?!?

Gott sei Dank haben wir diese Probleme inzwischen überwunden und meine Mutter ist sogar schon so weit, einfache Tastenkürzel zu verwenden. So hat sie gelernt, dass sich hinter dieser ominösen STRG-Taste doch noch was Sinnvolles versteckt.

STRG + c um die markierten Dateien zu kopieren und sie mit STRG + v wieder am ausgewählten Zielort einzufügen, funktioniert schon ganz gut.

STRG + x dient zum Ausschneiden und Verschieben von Dateien. Hieran arbeiten wir noch, ich bin optimistisch.
STRG + a ist fast schon ein Glücksspiel. Normalerweise wird mit diesem Kürzel alles in dem Bereich, in dem man unterwegs ist, markiert, aber leider nicht der Bereich, den man gedanklich schon fixiert hat. Daher fallen die Ergebnisse im Umgang mit diesem Kürzel bei meiner Mutter sehr differenziert aus.
Alle shortcuts (Kürzel), die über die beschriebenen Funktionen hinausgehen, sind meiner Meinung nach für einfache Anwender wie meine Mutter unpraktikabel, auch wenn in manchen Ratgebern damit seitenweise umher geworfen wird.

Meine Mutter begeistert besonders, dass diese Kürzel (shortcuts) auch hervorragend mit markierten Textpassagen funktionieren. Hier ein paar Sätze herausgeschnitten und dort wieder eingefügt, das findet sie toll. Was ihr leider noch Probleme macht, ist es, das Kopieren von Dateien und Texten nicht zu verwechseln. So versucht meine Mutter gelegentlich immer noch, markierte Textstellen in einen Ordner hinein zu kopieren. Da der Computer aber keine Buchstaben direkt in einen Ordner schütten kann, verweigert er hier seinen Dienst.
Man könnte Buchstaben mit Wasser vergleichen. Dieses lässt sich auch nur in einem Gefäß lagern und nicht verschüttet in einem Schrank. Entsprechend müssen Buchstaben erst in einem Dokument gelagert sein.

Zu guter Letzt gibt es noch das Kürzel ALT + Tab. Die Tabulator-Taste stammt aus den Zeiten, als es noch keine

Maus gab. Sie dient dazu, zwischen Eingabefeldern zu wechseln. In Kombination mit der ALT-Taste ist sie ein bevorzugtes Mittel, um schnell zwischen geöffneten Fenstern oder Anwendungen hin und her zu springen. Ist mein Neffe zum Beispiel zu Besuch bei meiner Mutter und spielt im Schlafzimmer am Computer, wechselt er mit diesem Kürzel blitzschnell von dem Egoshooter "Battlefield - Bad Company" zum Rennspiel "Truck-Simulator", wenn meine Mutter das Zimmer betritt. ;-)

Textverarbeitung - meine Hassliebe (Mutter)

Zugegeben, die Textverarbeitung ist ein wirklicher Segen des Digitalismus, damit ist das Schreiben für meine Finger stressfrei geworden. Mit Grausen erinnere ich mich an die Zeit der Schreibmaschine, wo jeder Tippfehler dreifache Arbeit bedeutete. Ich habe mich damals sehr oft vertippt.
Wirklich, die Textverarbeitungen machen fast alle digitalen Nachteile wieder wett: Ich kann unbeschwert und nachlässig die Tasten bedienen und über die Tücken des Digitalismus schreiben.
Wenn da nicht diese Mehrfachfunktionen und die geheimnisvollen Kombinationen wären, die ich erstaunlich oft versehentlich auslöse und mein Text dann plötzlich -zum Beispiel- in der Fußzeile erscheint. Oder kursiv, oder gar verschwindet. Die Tastatur kann manchmal empfindlich sein wie eine Mimose, ich bin überzeugt, dass es sich manche Tasten nur einbilden, z.B. von meinem Ärmel berührt worden zu sein.

Auffällig ist, dass die Tastatur sich besonders feindselig gibt, wenn mein Sohn nicht da ist, um meine Arbeit zu retten. Mit der Zeit habe ich aber gelernt, mutig dieses Feld oben links mit dem gebogenen Pfeil so oft anzuklicken, bis der Originalzustand wieder da ist. Gelingt meistens. Mein neuer Laptop hat allerdings vor der Tastatur noch zusätzlich eine hochsensible Fläche. Wehe, ich vergesse, diese mit einer besonderen Taste zu deaktivieren! Wenn nur ein Staubkörnchen darauf fällt, dann spielt mein Text schon verrückt. Okay, statt eines Staubkörnchens war es vielleicht mein kleiner Fingernagel...

Dann sind da noch die vielen ominös beschrifteten Felder, Fenster, Drop-down-Menüs und wie sie alle heißen. Einige davon sind ständig am oberen Rand vorhanden, manche davon sind auch durchaus sinnvoll. Ich benutze sie zum Suchen, Speichern und wenn ich andere Schriftbilder brauche. Schon lange habe ich diese obere Leiste nicht mehr versehentlich ins Nirwana geschossen.
Leider vermehren sich die Möglichkeiten hinter diesen Feldern und Menüs der Anzeigeleiste noch schneller als Katzen. Emsige Programmierfreaks finden und integrieren dort ständig neue Varianten, die SIE für einen Mehrwert halten, die MICH aber verunsichern.

Ich bezweifle nicht, dass ganz wenige Menschen diese Varianten in ganz seltenen Fällen anwenden möchten, aber müssen solche raren Sonderfälle denn gleichberechtigt dargestellt werden und für Verwirrung bei der durchschnittlichen Nutzerin sorgen? Experten finden ihre Spezialbefehle garantiert auch dann, wenn diese irgendwo versteckt sind. Die Raritäten meines Haushalts stehen schließlich auch nicht gleich ganz vorne im Schrank - eher im Keller. Und wenn ich den Kirschen-Entsteiner oder die Spezialmaschine zum Bohnenschnippeln vorn in der Besteckschublade hätte, würde mein Sohn sich garantiert darüber beschweren.

Aber genau solch skurrile Möglichkeiten wie "XML-Filtereinstellungen" finden sich in den Hauptmenüs. Wann braucht man die? Und wofür überhaupt? Aus Angst, unwiederbringliche Verluste zu verursachen, traue ich mich nicht einmal, so etwas auszuprobieren. Wahrscheinlich verpasse ich dadurch manch nützliche Errungenschaften. Mit dem Risiko kann ich leben. Solange, bis mein Sohn wieder einmal feststellt, dass ich zurückgeblieben bin und mich ungnädig aufklärt.

Wofür sonst hat man Söhne?

Lange habe ich mich darüber geärgert, dass sich mir dieser völlig unbekannte XML-Filter zwar ständig aufdrängte, aber eine so alltägliche Aufgabe wie das Erzeugen einer Überschrift viele Klicks erfordert, beginnend mit der Suche danach, welches der oberen Felder diese Option enthält. Unter Format finde ich einen Weg. Dort entscheide ich mich schließlich für Absatzformat, einige weitere Klicks führen irgendwann zum Ziel.

Bei einer unserer Diskussionen will ich meinem Sohn an diesem Beispiel demonstrieren, wie fern vom Alltag die Software-Entwickler denken und arbeiten. Das ist ein peinlicher Reinfall.

"Was machst du denn da?" fragt Peter.
"Hab ich doch gesagt. Ich will eine Überschrift hinkriegen."
"Ja, und warum gehst du nicht einfach oben auf Text?"
"Ich bin doch im Text."
"Nein, oben links auf "Text" gehen."

Ich klicke schnell das Feld "Datei" an, vermute dort noch am ehesten einen Befehl namens "Text". War wohl falsch. Auch unter "Bearbeiten" finde ich nichts.
"Da ist aber nichts. Nicht unter Datei und auch nicht unter Bearbeiten."
"Du sollst ja auch das Text-Feld anklicken!"
"Bei mir gibt es kein Textfeld. Muss ich dafür erst was markieren?"
"Jetzt kuck' erst mal genau hin. Solange, bis du das Feld findest. Es ist da!"
Diese arrogante Oberlehrerhaftigkeit meines Sohnes bringt mich innerlich auf die Palme. Dann hat er auch noch recht. Es gibt so ein Feld "Text", unauffällig versteckt in der blauen Hintergrundfarbe und mit der missverständlichen Erklärung: Schriftarten. Schriftart heißt aber auch jenes Feld, wo man sich die Buchstabensorte auswählt.... Wie auch immer, man kann unter diesem neu entdeckten Schriftartenfeld verschiedene Sorten von Überschriften finden.
"Ach, das Ding meinst du, erklär' das doch gleich", sage ich nun. "Das ist mir noch nie aufgefallen. Ja, damit geht's wirklich schneller. Muss ich mir merken."

Erwähnte ich schon, wie begeistert ich von einigen Möglichkeiten der Textverarbeitung bin? Als besonders komfortabel empfinde ich die Arbeitsersparnis bei Änderungen. Man muss das bisher Geschriebene nicht in den Papierkorb werfen, sondern kann alles beliebig oft umstellen, bis es gefällt. Damals, als ich jung war, kostete jede Änderung Zeit, Papier und Kraft. Ja, das Tippen auf der mechanischen

Schreibmaschine war durchaus etwas anstrengend und man musste dabei mit jedem Finger möglichst gleichmäßig stark auf die Taste hacken.

Wie herrlich einfach ist es heute: schon kleinste Aufforderungen registriert die Tastatur und wenn ich anschließend den Rechner noch überzeugt habe, dass er den Drucker aufweckt, erhalte ich ein köstlich gleichmäßig beschriftetes Papier mit makellosem Schriftbild. Wer die alten Zeiten noch kennt, kann dies nicht genug rühmen.
Wenn ich einen Text oder Brief schreibe, egal welcher Art, fallen mir ständig Ergänzungen und Änderungen ein. Auch die Reihenfolge meiner Gedanken ist oft verbesserungswürdig. Und hier genieße ich die Stärken der Textverarbeitung so richtig. Es ist doch allemal besser, die bereits erfassten Gedanken einfach verschieben, ergänzen und korrigieren zu können, als Texte immer wieder neu zu beginnen, bis das Ergebnis gefällt.

Okay, für diese segensreichen Optionen muss ich zunächst diverse Fenster öffnen und die richtigen Befehle nacheinander anklicken. "Kopieren" und "Einfügen" oder "Ausschneiden" benutze ich oft. Damit kann man wunderbar ganze Textpassagen umsetzen oder löschen, wenn man sie vorher entsprechend markiert hat. Dazu muss man nur die linke Mausseite gedrückt halten, während man vorsichtig den Mauszeiger über die richtigen Stellen oder Abschnitte zieht. Das benötigt eine ruhige Hand, sonst flitzt die Markierung irgendwo hin, wo ich sie nicht haben will. Früher hat es mich erschreckt, wenn deshalb plötzlich ganze Abschnitte ungewollt verschwanden, aber ich weiß längst, wo ich den Befehl für "rückgängig machen" finde.

Mein Sohn gönnt mir jedoch keinen Frieden. Er zeigt mir einen anderen, vermeintlich besseren Weg für meine Textänderungen. In einer der Leisten oben am Bildschirm gibt es eigenartige winzige Bildchen oder Symbole. Wenn man mit dem Zeiger dort hinfährt, werden sie sogar per Sprache erklärt, das bringt eine gewisse Erleuchtung. Diese Kästchen also kann man direkt anklicken, damit das Gewünschte passiert und es geht ein wenig schneller, scheint mir.

Ich gewöhne mich gut an diese Methode. Doch wieso fragt mich mein Sohn etliche Wochen später, warum ich nicht die rechte Maustaste benutze, das ginge doch viel schneller.
"?? - was meinst du damit?"
"Ja, benutzt du die denn überhaupt nicht?"
"Weiß nicht... Wofür denn?"
Ich finde es unangemessen, dass er jetzt verächtlich schnaubt.
"Du kannst unmöglich die ganze Zeit ohne die rechte Maustaste gearbeitet haben."
Ich überlege.
"Doch, kann ich, glaube ich. Habe nicht darauf geachtet."
"Du MUSST die doch schon benutzt haben!"
"Ach, keine Ahnung, wahrscheinlich schon. Jetzt jedenfalls hab' ich es vergessen. Statt dich hier aufzuspielen, könntest du es mir nochmal erklären." Mein Ton wird schärfer: "Glaubst

du, ich habe nichts anderes zu tun, als über blöde Computermäuse nachzudenken?"
So schnell entwickelt sich ein Streit. Nur, weil ich nicht mit dieser blöden Digitalis aufgewachsen bin!

Eine halbe Stunde später lerne ich von Peter doch noch, dass ich mir das Herumfahren mit dem Mauszeiger über den Bildschirm oft sparen kann. Es erscheinen nämlich etliche Befehle, wenn ich die sonst nie benötigte rechte Seite auf der Maus drücke. Wenn also eine Passage markiert ist, kann man rechts auf die Maus drücken und dort auswählen, was man erreichen möchte. Eine wirkliche Logik kann mein Gehirn dahinter nicht erkennen, doch man gewöhnt sich daran. Ich muss nur aufpassen, danach auch wieder die linke Seite der Maus zu drücken, wenn der Mauszeiger (der sich jetzt in eine Hand verwandelt) über jener Aussage schwebt, die die gewünschte sein müsste.
Allerdings weiß ich bei diesem alternativen Weg bis heute nicht sicher, ob der wirklich so viel schneller ist als meine alte Methode. Ich benutze nun je nach Laune entweder die Symbole oben oder die Befehle hinter der rechten Maustaste - oder eine Mischung aus beiden. Das funktioniert ebenfalls.

Noch später irgendwann beobachte ich meinen Sohn neidisch beim Bearbeiten seiner Doktorarbeit und kann nicht begreifen, wie rasant er durch sein Dokument fegt. Seine Finger fliegen über die Tastatur, Texte rasen von einer Seite zur anderen.
"Wie machst du das denn?"

"Mit Kurzbefehlen. Habe ich dir schon mal gezeigt."
"Hast du nicht. Wann denn? Kann mich nicht daran erinnern."
"Doch. Ist schon ewig her. Ich muss mich jetzt konzentrieren."

Ich versuche, diese Abfuhr nicht persönlich zu nehmen, seine Arbeit ist momentan wichtiger als meine Befindlichkeiten. Später komme ich jedoch auf seine Methode zurück. Nach der Tagesschau sitze ich noch am Rechner und übersetze einen komplizierten technischen Text.
"Du hast doch vorhin deine Texte so schnell verschoben. Erklär' mir auch mal, wie das geht."
Fast kann ich seine Gedanken lesen: "Muss das jetzt sein?"
Trotzdem antwortet er brav.
"Du musst die Stelle markieren, dann Steuerung drücken und zusätzlich das Kürzel."
"Welches Kürzel? Ich kenne nur Steuerung und a. Damit wird aber gleich der gesamte Text markiert."
Diesen zeitsparenden Kurzbefehl hatte Peter mir schon vor Ewigkeiten aus Mitleid gezeigt, nachdem er fassungslos mit angesehen hatte, wie ich mich quälte, seitenlange Texte zu markieren, um eine Kopie woanders einzufügen.
"Mit c kopierst du, mit x schneidest du aus, mit v fügst du wieder ein" sagt er und setzt hinzu, bevor ich eine Erklärung verlange: "V nur deshalb, weil es auf der Tastatur gleich nebenan liegt."
"Okay, x fürs Wegnehmen und c für Kopieren erklären sich von selbst. Und zum Einfügen also dieses v daneben."
"Richtig."

Ich sage ihm nicht, dass ein V für "einfügen" mir weh tut, denn "fügen" schreibt sich schließlich mit f und eine englischsprachige Beziehung sehe ich auch nicht. Egal. Befriedigt merke ich mir die Kurzbefehle, Harmonie herrscht zwischen uns.

Noch nicht kontrollieren kann ich die neu aufgetauchten Methoden, Wörter oder Sätze allein durch Klicken zu markieren. Bei mir passiert das nur unkontrolliert und ungewollt. Ob ich Peter mal danach frage?

Speicherplatz (Sohn)

"Aber der Text hat jetzt schon mehr als 120 Seiten. Ich will genug Platz auf der Festplatte haben. Die ist bestimmt bald voll, deshalb ist der Rechner auch so langsam." Das glaubt meine Mutter.

Also, die Größe einer Datei hängt nicht davon ab, wie viele Seiten ausgedrucktes Papier sie ergeben, sondern davon, wie viele Informationen enthalten sind. Gemessen werden diese in Byte. Da ein Bit aus heutiger Sicht irrsinnig klein ist, werden gleich größere Einheiten herangezogen. Im täglichen Gebrauch spricht man schließlich auch eher von Metern als von zig-tausenden Nanometern. Eigentlich ist die Umrechnung von Bytes etwas komplizierter, aber für den Laien ist es vertretbar, sich die Umrechnung vereinfacht wie folgt vorzustellen: 1000 Kilobyte (KB) sind ein Megabyte (MB), 1000 Megabyte ergeben ein Gigabyte (GB) und 1000 Gigabyte ein Terrabyte (TB). Heute gebräuchliche Heimcomputer können in der Regel 500 bis 1000 GB Daten speichern.

Der Speicherbedarf für reinen Text ist völlig vernachlässigbar. Für heutige Speicherkapazitäten sind Texte nur der berühmte Tropfen auf dem heißen Stein.

Zusammengefasst gilt für Datenmengen:
1. Text -> völlig egal, sehr kleiner Speicherbedarf, solange keine Bilder im Dokument enthalten sind

2. Bilder (z.B. die Urlaubsfotos von der Digitalkamera) -> 100 Urlaubsfotos in dem Fotoalbum benötigen etwa 350 MB
3. Musik -> grob überschlagen 120 MB für 10 Songs
4. Filme (z.B. das Video von der Digitalkamera) -> Stark abhängig von Länge und Auflösung. Hoch aufgelöst können 10 Minuten schon mal 1 GB in Anspruch nehmen. Bei höherer Komprimierung können zwei Stunden Film aber auch auf 700 MB untergebracht werden.
5. Spiele (damit sind richtige, zu kaufende Spiele gemeint mit ausgefeilten Grafiken und anspruchsvoller Steuerung, keine Facebook Spiele oder Apps auf dem Handy) -> sind sehr groß, 20-30 GB

Der Rechner meiner Mutter (älteres Gerät) hat eine 300 GB-Festplatte. Da weder Spiele noch Filme auf dem Rechner sind und Linux generell sehr platzsparend arbeitet, sind noch keine 10 GB auf der Festplatte verwendet.

Diese Erklärungsversuche nützen nichts, meine Mutter ist der festen Überzeugung, dass die Festplatte bald voll sein müsste oder der Rechner zumindest schneller laufen würde, wenn die Platte möglichst leer ist. Da hilft es zwar im Moment, aber nicht langfristig, wenn ich ihr vorrechne, wieviel Speicherplatz sie noch hat und wieviel sie derzeit überhaupt benutzt. Sie hat ein sonderbar starkes Bedürfnis nach Reserven, vielleicht liegen die Ursachen in ihrer Kindheit während der dürftigen Nachkriegszeit, was weiß ich.

Menschen mit Lese-Rechtschreibschwäche bezeichnet man als Legastheniker. Wie aber nennt man jemanden, der/die vor einem Rechner sitzend die einfachsten mathematischen Zusammenhänge nicht mehr erfasst? Die Lösung meiner Mutter, der vermeintlichen Datenflut auf ihrem Rechner Herr zu werden, sieht wie folgt aus: Ein 256 MB großer USB-Stick (0,25 GB) soll ihren Rechner vor dem Ersticken in grenzenlosen Daten retten.

Ich möchte das mal an einem Bild veranschaulichen. Also, meine Mutter macht sich Sorgen, dass ihre Badewanne (300 GB), in der nur eine kleine Pfütze Wasser (10 GB) drin ist, gerade überläuft. Dieser Gefahr versucht sie dadurch entgegen zu treten, indem sie mit einer Pipette (= USB-Stick) ein paar Tropfen (0,25 GB) entnimmt und neben die Badewanne legt. -_-

Im Laufe der Zeit ist aus dem ersten USB-Stick meiner Mutter eine beträchtliche Anzahl an USB-Sticks unterschiedlichen Datenvolumens geworden. Sie sammelt sie in einer bunten Schachtel. Wie in einem Miniaturmuseum kann man an dieser Sammlung die schrittweise Entwicklung der Flash-Speichermedien nachvollziehen. Vom ersten 256 MB USB-Stick bis hin zu 32 GB Sticks mit USB 2.0 Anschluss.

Stellen wir zum Abschluss die Frage, ob ein Rechner umso langsamer wird, je mehr Speicherplatz mit Daten belegt wird. Dies ist nämlich die irrationale Angst meiner Mutter. Also, dem Computer ist es relativ egal, wie voll eine Festplatte ist. Wenn er auf ein Dokument zugreifen soll, muss er sich nicht erst dorthin vorwühlen, so wie wir das vielleicht tun müssen, um aus der hintersten Ecke des Dachbodens den Weihnachtsschmuck hervor zu kramen. Ein Rechner kann gewissermaßen von oben überall gleich schnell hin greifen, egal wo sich die Datei auf der Festplatte befindet. Was einen Rechner allerdings wirklich stört, ist die Situation, wenn ein Dokument zerstückelt an verschiedensten Orten liegt. Das würde der Situation entsprechen, als wollten Sie zuhause den Tisch decken, aber das gesamte Besteck wäre wild im ganzen Haus verteilt aufbewahrt. Dann allerdings rennen Sie sich einen Wolf, bis Sie alles zusammen haben, ganz egal, wie voll oder leer das Haus ansonsten ist.

Die Ursache für eine ‚zerstückelte' Aufbewahrung ist, dass der Computer sehr platzsparend vorgehen möchte beim Füllen der Festplatte. Wenn er, wie im Beispiel, das Besteck verstauen muss, sucht er nicht unbedingt als erstes eine bestimmte Schublade, in die alles locker hineinpasst, sondern prüft erst einmal, ob es noch Lücken zwischen den schon vorhandenen Sachen gibt. Die füllt er dann eben auf. Wenn sozusagen im Schuhregal zwischen zwei Paar Schuhe noch eine Gabel passt, wird dieser Platz gleich ganz ökonomisch ausgenutzt. Fünf Löffel passen noch in den Kleiderschrank? Na, dann hinein damit! Teelöffel in die Blumenvase? Warum nicht?
Zum guten Schluss hat der Rechner das Besteck sehr platzeffizient, wenn auch nicht unbedingt nach unseren Ordnungsprinzipien im Haus verteilt. Als Letztes schreibt sich der Computer eine Notiz, wo er welche Teile verstaut hat und gut ist's.

Okay, aus menschlicher Sicht wirkt dieses Vorgehen sehr - sagen wir mal- unpraktisch. Aber bedenken Sie, dass der Rechner nur eine Maschine ist, der es relativ egal ist, wie sie durch ihr virtuelles Haus laufen muss, um das Besteck wieder zu finden. Der Computer versucht einfach nur, den verfügbaren Platz bestmöglich auszunutzen. Und schließlich ist er auch weitaus schneller unterwegs in seinem virtuellen Haus als wir in unserem physischen. ;-)

Die Wahrheit ist, dass dieses Wirrwarr auf der Festplatte eigentlich Standard ist, wir aber von den Prozessen dahinter kaum etwas mitbekommen, weil moderne Rechner extrem leistungsstark und schnell sind.
Dennoch kann es Sinn machen, wenn wir den Rechner von Zeit zu Zeit zum Aufräumen auffordern. Das nennt sich Defragmentierung und bedeutet das Zusammenführen von fragmentierten (zerstückelten) Elementen. Dabei wird das Besteck sozusagen wieder zusammengeführt und an einem Ort gelagert. Entstehende Lücken werden geschlossen, indem die Nachbardateien aneinander gerückt werden. Zum guten Schluss liegt Gleiches bei Gleichem, dicht an dicht, ohne irgendwelche Lücken. Solange, bis Sie durch Ihre Anwendungen wieder etwas verändern.

Wollen Sie sich Ihren Rechner einmal defragmentieren lassen, vermeiden Sie bitte die Standardgedanken meiner Mutter wie: "Das kann ich nicht. Klingt mir zu kompliziert, womöglich gehen dabei Daten kaputt." In Wirklichkeit ist es ganz simpel und funktioniert unter Windows völlig einfach:

"Defragmentierung" in das Suchfeld eingeben (dazu erst unten links auf das Windowszeichen klicken). Wenn Ihnen das nicht gelingt: "Defragmentieren" bei Google eingeben und den Anweisungen der Microsoft-Seite folgen, die dürfte vermutlich das zweite oder dritte Suchergebnis sein. Wenn Sie diese Hürde auch nicht nehmen können, kann ich Sie wie meine Mutter beruhigen: Dann besteht auch kein Bedarf, Ihren Rechner zu defragmentieren. Denn es wird ihnen nicht gelungen sein, diesen so zu benutzen, dass eine Defragmentierung überhaupt sinnvoll wäre. Mit dem bisschen Textverarbeitung, Bildern und Internet erzeugen Sie kein großes Chaos, das es aufzuräumen gäbe. ;-)

Von wegen logisch... (Mutter)

Genau diese Erläuterungen zeigen doch, wie realitätsfremd Rechner ‚denken' und warum ich ihre Arbeitsweise ablehne. Wenn ich eine Datei suche, soll ich mich laut Sohn so verhalten wie im richtigen Leben und einen Teller nicht im Badezimmer, sondern im passenden Küchenschrank suchen. Und warum speichert der Rechner ganz eigenwillig meine Daten trotzdem beliebig irgendwo auf der Festplatte?
Wenn die winzige Elektronik so superschlau und zuverlässig ist, warum passieren dann so oft Pannen? Denn der Rechner beweist mir immer wieder mal, dass er meine Skepsis mit offener Feindseligkeit erwidert.

Zum Beispiel möchte ich schnell eine E-Mail schreiben, klappe den Bildschirm hoch, drücke den Einschaltknopf. Normalerweise beginnt der Monitor nun zu leuchten, diverse kurze Schriften erscheinen und verschwinden wieder, dann kommt das Feld, das mein Passwort verlangt und etwas später kann ich mein E-Mail-Programm starten. Meistens, aber nicht immer. Es gibt diese Tage, an denen der Rechner mir nicht gehorcht und beim Hochfahren einfach abbricht, der Bildschirm bleibt grau. Warum? Ich habe absolut gar nichts anders gemacht als sonst, wenn er so funktionierte, wie ich das wollte.

In wütender Verzweiflung warte ich lange, starre auf den schwach leuchtenden Bildschirm, beschwöre ihn, weiterzumachen, erfolglos. Ich schalte das Gerät ab, wieder

an. Drücke die Notkombination Steuerung - Alt - Entfernen. Nichts passiert. Ich flehe meinen Sohn um Unterstützung an, notfalls per Telefon. Wenn ich viel Glück habe und mein Sohn zu Besuch ist, schimpfe ich lautstark und kann ich ihn nach geraumer Wartezeit dazu bewegen, sich doch endlich mal um mein Rechnerproblem zu kümmern.
"Schalt' ihn einfach aus und starte neu."
"Habe ich längst gemacht. Er funktioniert aber nicht."
Mein Sohn glaubt mir nicht, dass so etwas ohne mein Zutun passiert.
"Ach was, dann hast du ihn nicht richtig runtergefahren."
"Ich habe das genauso gemacht wie immer. Der schaltet sich doch von selber aus nach dem Befehl "Herunterfahren"."
"Dann hast du eben den Standby-Modus eingeschaltet."
"Habe ich nicht!"
Was dann meistens passiert, halte ich für eine ganz üble Gehässigkeit meines Rechners: Peter startet das Ding haargenau so, wie ich das mache, und es springt an!
Mein Rechner ist überhaupt nicht logisch, er ist bösartig. Oft macht er mir absichtlich das Leben schwer. Niemand will mir das glauben, selbst die Enkelkinder nicht. Es ist so demütigend.

Dann gibt es noch die Situationen, wenn mein Rechner einem schon länger installierten Programm nicht gehorcht. Vielleicht ist es auch umgekehrt und ein Programm gehorcht meinem Rechner nicht, das bleibt unklar. Ich merke nur, dass mal wieder etwas nicht funktioniert. Das passiert besonders gerne, wenn ich in Zeitdruck bin.

Es ist später Nachmittag, wir sind zum Geburtstag eingeladen und machen uns ausgehfertig. Das Geschenk ist verpackt, einen netten Text für einen individuellen Geburtstagsglückwunsch habe ich gestern schon entworfen, ich muss ihn nur kurz ausdrucken. Dafür möchte ich eine nette Motivvorlage benutzen. Warum klappt das nicht, wenn es schnell gehen soll? Ich brauche ewig, um überhaupt irgendwelche Vorlagen zu finden, die sind aber völlig ungeeignet. Wie zu Lichtgeschwindigkeit beschleunigt rennt die Zeit davon, bis endlich eine brauchbare Vorlage auftaucht, in falschem Format natürlich. Peter zieht bereits seine Jacke an.

"Können wir?"

"Du siehst doch, dass ich noch nicht fertig bin", knurre ich ihn an.

Er verdreht die Augen.

"Du wolltest doch nur kurz was ausdrucken?"

"Ich bin doch längst dabei, aber der Text lässt sich nicht in die Vorlage kopieren."

"Kann gar nicht sein, dafür sind Vorlagen doch gemacht."

"Dieser Rechner macht es aber nicht. Entweder zeigt er den Text oder das Bild. Beides zusammen frisst er einfach nicht", schimpfe ich ungeduldig.

"Stell dich doch nicht unnötig blöde an. Mach's doch einfach nur richtig", kommentiert der arrogante Herr Sohn, "wir müssen allmählich los."

"Dann mach du es doch, wenn du es schneller kannst, du Super-Oberschlaumeier!"

"Wie hast du denn den Text in die Grafik platziert? In den Hintergrund oder in den Vordergrund?"
Stimmt, ich muss da oben rechts noch ein Feld anklicken, damit sowohl Text wie Bild zusammen erscheinen. Wirklich kluge, nutzerfreundliche Programme und Rechner würden mir rechtzeitig einen hilfreichen Hinweis auf den Bildschirm schreiben.
Immerhin ist mein Rechner von unserem Streit so angeregt, dass er gnädiger Weise den Druckbefehl an den Drucker weiterleitet. Wir sind nur fünfzehn Minuten verspätet.

Problemlösung (Sohn)

Was mich wirklich schockiert, ist das Problemlösungsverhalten meiner Mutter. Dies ist einfach nicht existent. Sobald etwas (vermeintlich) Unerwartetes passiert, verfällt sie in eine Art Schockstarre: Sie lässt alles los, starrt auf den Bildschirm und wartet darauf, dass das Problem sich von alleine löst. Dabei protestiert sie ausdauernd, äußert gleichzeitig naive Überraschung und massive Anschuldigungen gegen die eigenwillige Technik. Vielleicht glaubt sie ja, dass der Computer das hört und dann aus Mitleid von alleine das macht, was sie möchte. Ich hab keine Ahnung.

Auch wenn sie nur regungslos (aber leider nicht geräuschlos) auf den Monitor starrt, heißt das noch lange nicht, dass sie zum Beispiel die angezeigte Fehlermeldung liest. Nein! Sie sitzt nur da, flucht herum und unternimmt nicht den geringsten Versuch, die Ursache zu ergründen, registriert nicht einmal die gemeldete Warnung.

Einmal habe ich sie mehr oder weniger dazu gezwungen, zwar durch mich angeleitet, aber selbständig ein Programm (ich glaube den neuen Acrobat Reader) zu installieren, was natürlich zur Eskalation führte.
Nachdem ich sie sehr nervenaufreibend zu jedem einzelnen Klick aufgefordert habe, poppt nach der Installation eine Meldung hoch. Sofort springt meine Mutter auf und prustet los, dass sie doch gesagt habe, dass sie das nicht kann und bei ihr immer nur Fehler entstehen.

"Was steht denn da?"
Nach dieser Frage fängt sie an, sich so richtig in Rage zu reden.
"Immer tauchen diese Fehlermeldungen auf. Das Ding funktioniert nie!"
"Was steht dann da?"
Sie ignoriert mich.
"Deshalb kann ich das auch nicht, irgendwas geht immer schief bei mir",
triumphiert meine Mutter stattdessen.
"Was steht denn da?"
"Und ich will das auch nicht selbst machen, weil es so kompliziert ist",
geht es weiter, während mir langsam der Kragen platzt.
"Verdammt, lies doch einfach mal vor, was da steht!"
"Weiß ich doch nicht, ich verstehe das alles nicht!!"
Um dem ein Ende zu setzen, schreie ich jetzt auch.
"Lies einfach vor, was da steht!!"
Mit Lautstärke gelingt es mir, den wütenden Vortrag meiner Mutter zu bändigen und sie liest endlich vor:
"Das Programm wurde im angegebenen Verzeichnis erfolgreich installiert." -_-

Woher kommt nur diese totale Aversion bei ihr? Wenn irgendein Problem auftaucht und der Computer als mein Gegenüber plötzlich ein Mitteilungsbedürfnis in Form einer (vermeintlichen) Fehlermeldung hat, dann muss diese Mitteilung doch mein erster Ansatzpunkt sein. Und selbst, wenn keine Fehlermeldung existiert, sondern nur der geschriebene Text 'plötzlich' verschoben ist, dann kann ich doch nicht einfach in eine Schockstarre verfallen und hemmungslos herummosern. Damit löst man weder in der realen noch in der digitalen Welt irgendwelche Probleme.

Wenn mein Hauszugang zugeschneit ist, bleibe ich doch nicht einfach verwundert stehen und spekuliere darüber, warum dort Schnee liegt, wie er dort hingekommen ist und was das zu bedeuten hat. Stattdessen hole ich die Schneeschaufel und räume das Zeug weg. Ich warte nicht darauf, bis der von alleine irgendwann weggeschmolzen ist. Und wenn mein Drucker einseitig statt doppelseitig ausdruckt, versuche ich das Einstellungsmenü zu finden, wo ich es ändern kann. Und ist es nicht logisch, diese Suche bei den Druckereinstellungen zu beginnen? Das ist doch wirklich naheliegend. '-)
Gerade im Umgang mit dem Computer oder einfach nur beim Auftauchen unbekannter Optionen ist es immer noch das Beste, einfach loszulegen, dabei logisch zu überlegen und auszuprobieren. So jedenfalls hat meine Generation den Umgang mit dem Computer gelernt.

Ein großer Vorteil ist, dass alles am Rechnersystem relativ logisch aufgebaut ist. Wenn Sie trotzdem keine Lösung finden, hilft es, einfach danach zu googeln. Das Tolle ist nämlich: man ist nie der erste, der das Problem hatte. Erstaunlicherweise auch meine Mutter nicht, obwohl sie immer davon ausgeht, als erste und einzige ein x-beliebiges Problem zu haben. Gleichzeitig ist sie felsenfest davon überzeugt, dieses Problem unmöglich selbständig lösen zu können. Dieses sind dann die Momente, wo ich mich frage, wie sie überhaupt im

Straßenverkehr klarkommen kann. Die Verkehrsregeln sind weitaus komplizierter und man muss schnell reagieren können. Man kann nicht einfach verwundert und ohne Reaktion auf die rote Ampel zu fahren... Na ja, das wenigstens tut sie nicht.

Ich muss fairerweise erwähnen, dass das Herummeckern meiner Mutter am Computer auch sehr situationsabhängig ist. Genau genommen ist es davon abhängig, ob ich in der Nähe bin oder nicht. So verspürt meine Mutter immer dann ein immenses Kommunikationsbedürfnis, wenn sie am Rechner sitzt und ich anwesend bin. Ihr Gespräch führt sie allerdings nicht mit mir, sondern mit dem Computer. Dabei lässt sie sich äußerst ausführlich darüber aus, wenn etwas nicht funktioniert oder stößt einfach Ausrufe hervor wie "Hä", "Warum geht das nicht?" "Das versteh' ich jetzt nicht" und so weiter, ohne mich konkret anzusprechen oder zu fragen. Weshalb ich ihre Äußerungen auch konsequent ignoriere.

Es besteht kein Zweifel, dass sie sich nur dann mit ihrem Computer unterhält, wenn sie sicher ist, dass ich sie hören kann. Halte ich mich zum Beispiel in einem anderen Raum auf, herrscht Stille bei meiner Mutter. Amüsant wird es erst, wenn ich mich an ihr vorbei zur Küche bewege. Kaum registriert sie mein Herankommen, startet sie ihr Selbstgespräch mit dem Computer, es setzt aus, solange ich in der Küche verschwunden bin und geht am selben Punkt weiter, wenn ich an ihr vorbei zurück ins Nebenzimmer gehe. Dabei ist es völlig egal, wie oft hintereinander ich diesen Weg gehe, das habe ich getestet. Es funktioniert so verführerisch zuverlässig, dass ich schon überlege, das ganze versteckt aufzunehmen und bei YouTube rein zu stellen. >;->

Never change a running System (Mutter)

Ich besitze einen veralteten, durchschnittlich aussehenden Computer. Den habe ich ins Schlafzimmer verbannt, weil er so anspruchsvoll in seinem Platzbedürfnis ist. Viel lieber benutze ich meinen Laptop, auch wenn dieser eher bescheiden ist und unspektakulär aussieht. Er ist es ein dezentes, praktikables Gerät, das nicht gleich jeden Tisch selbstherrlich einnimmt. Wenn ich nicht daran arbeite und es zugeklappt ist, kann man das Ding fast übersehen, denn leider hat es nur diese langweilige stumpfschwarze Farbe. Mein vorheriger Laptop war auch schwarz, aber aggressiv hochglänzend. Seine Klappe hatte ich zum Entsetzen meiner Kinder mit einer putzigen weißen Bordüre verschönert, weil ich schwarz so gewöhnlich finde. Das ist überhaupt keine Farbe und ich habe mir auch noch nie ein schwarzes Auto ausgesucht. Das kleine Netbook, das ich vor noch längerer Zeit besaß, war schon origineller, damals konnte ich mir ein weißes Gehäuse aussuchen. Ich überlege bereits, wie ich mein derzeitiges Gerät verschönern kann. Einen grünen Elefanten auf dem Deckel fände ich gut.

Der neue Riesenlaptop meines Sohnes ist alles andere als dezent. Seit er diesen Rechner hat, erschrecke ich regelmäßig, wenn er ihn öffnet und hochfährt. Dann glotzt mich eine Art leuchtender Totenkopf von der tiefschwarzen Rückseite seines Monitors an. Wenn mein Sohn dann noch eine hässliche große Brille aufsetzt, um mörderische Filme oder Spiele noch grässlicher, nämlich dreidimensional zu sehen, ist das

Horrorbild perfekt. Ich finde, so etwas gehört in kein Wohnzimmer.

Seine angeberisch beleuchtete Tastatur erregt jedoch schon meinen Neid, sie kann in verschiedenen Farben erstrahlen. Grün und orange gefallen mir am besten. Wenn einem jedoch nach blau oder rot zumute ist, kann auch das gewählt werden. Sogar mehrfarbig ist möglich. Wenn ich nur auch so etwas hätte... bestimmt würde es meine Kreativität enorm fördern.

Während ich schon froh bin, wenn mein Computer anstandslos läuft und ich unbehelligt arbeiten kann, sieht mein Sohn das bei seinem Rechner anders. Anstatt zufrieden zu sein, wenn alles funktioniert, glaubt er ständig, noch etwas verbessern zu können und ist unnötig damit beschäftigt, alle möglichen Änderungen vorzunehmen. Meistens bemerke ich seine Spielereien mit Optionen nicht, weil sie unspektakulär ablaufen. Spannend bis nervtötend wird es jedoch, wenn er offensichtlich kompliziertere Anpassungen vornimmt. Diese durchlaufen mehrere Phasen.

Es beginnt mit einem endlosen Hin-und-Her-Geklickere zwischen unzähligen wechselnden Fenstern. Ich vermute, dass dabei gleichzeitig etwas heruntergeladen, also aus dem Netz kopiert wird. In der folgenden Phase wird die Arbeit wohl schwieriger. Mit finsterem Gesicht sitzt er dann schweigend vor dem Rechner und lässt sich nicht mehr ansprechen. Er denkt. Sobald er glaubt, eine Lösung gefunden zu haben, klickern erneut seine Tasten wie wild, dann folgt eine reglose Pause. Das ist die Phase, in der nichts mehr funktioniert.

Wenn ich ihn jetzt frage, warum er so stupide vor einem schwarzen Monitor sitzt, wird er beklagenswert unhöflich. Er muss sich aber zusammenreißen, denn er braucht nun meinen Rechner. Der muss herhalten für die nächste Phase, in der das Internet befragt wird. Diese Phase zwingt mich zur Untätigkeit, ich muss ungeduldig solange warten, bis er eine Antwort findet und schließlich seinen Rechner wieder hergestellt hat. Ist er damit zufrieden? Nein. Offenbar hat es seinen Stolz verletzt, fremde Hilfe zu benötigen. Er zieht das Ganze von vorne durch, mit allen lästigen Phasen, bis er entweder das Problem gelöst hat oder endlich aufgibt, was auch immer er da vorhatte.

Ich hingegen komme zur Ruhe, wenn ich mit einem neuen Rechner oder einem geänderten System endlich Frieden geschlossen habe. Ich überfordere meine Geräte nicht, bin nur auf harmlosesten Webseiten unterwegs, öffne nicht gleichzeitig endlos viele Programme und bemühe mich immer, den Computer bloß nicht zu überfordern, sondern bei Laune und von Ballast frei zu halten. Nachdem wir uns gut kennengelernt haben, vertragen wir uns die meiste Zeit. Vielleicht fühlt sich mein Sohn ausgeschlossen von solch harmonischer Beziehung, oder warum sonst versichert er mir nach einiger Zeit, dass Updates, neuere Programmversionen, Festplatten, Speichermedien oder gar ein komplett neues Gerät notwendig sind?

Jedes Mal, wenn ich mich auf Neues einlasse, passieren kleinere bis größere Katastrophen. Regelmäßig verschwinden dann wichtige Passwörter und natürlich muss ich mich an fremde Ansichten und Bedienweisen gewöhnen. Deshalb soll mein Sohn sich auch bitte nicht so aufregen, wenn ich versehentlich irreparabel einige seiner E-Mail-Konten lösche. Ja, das ist mir passiert, weil er vor Jahren irgendwelche Mail-Adressen bei meinem Telefonversorger eingerichtet hatte. Eigentlich wollte ich bloß uralte Inhalte meiner eigenen E-Mail-Konten löschen, die brauchte ich auf dem neuen Rechner nicht mehr. Leider habe ich dabei einen falschen Löschauftrag trotz Nachfrage des Systems bestätigt. Seitdem fehlt mir ein Mail-Konto, Peter fehlen drei. Hätte ich mein altes Passwort noch gewusst... Wusste ich aber nicht mehr.

Mein eher schweigsamer Schwiegersohn hat mir schon vor vielen Jahren geraten: "Never change a running system." Auch er wollte nicht ständig wegen des Computers von mir in Anspruch genommen werden, vermute ich. Seinen Ratschlag habe ich mir gemerkt und die Erfahrung hat bewiesen, wie recht er hatte.

Nun kann auch ich nicht verleugnen, dass mein erster Rechner aus den 1980er Jahren längst untauglich wäre. Ich beklage jedoch, dass wir GEZWUNGEN werden, ständig neue Systeme anzuschaffen, weil aktuelle Programme eben nicht auf uralten Sauriern laufen. Ich bewerte das als schiere Gewinnsucht der Hersteller bzw. Softwareentwickler. Autos werden doch ebenfalls ständig verbessert und modernisiert, dennoch kann man ein zwanzig Jahre altes Schätzchen durchaus noch fahren.

Nicht so bei Rechnern! Jedenfalls nicht, wenn man mehr nutzen möchte als eine isolierte Textmaschine.

Also bleibt auch mir nichts anderes übrig als die gelegentliche Erneuerung meines Systems. Ich muss da durch, ob ich will oder nicht. Durch alle Änderungen und durch den unvermeidlichen Stress, wenn ich die Hilfe meines widerborstigen Kindes benötige.

Der Bilderrahmen (Sohn)

Geteiltes Leid ist halbes Leid, sagt man. Und tatsächlich bin ich nicht als einziger mit einer digital-schwachen Mutter 'gesegnet'. Auch mein bester Freund Paul hat sein Kreuz zu tragen. Die Attribute "männlich" und "jung" werden nämlich von unseren Müttern gleichgesetzt mit Kompetenz in jeglicher neuen Technologie, egal, wie überflüssig manche neuen Produkte sind. Darum sind wir -und nicht unsere Schwestern- dazu verurteilt, uns mit den Funktionen von allerlei elektronischer Billigware auseinander zu setzen. Manchmal tauschen wir unsere diesbezüglichen Erfahrungen aus.

Mit dem Aufkommen der ersten digitalen Bilderrahmen ließ auch Pauls Mutter sich zu der Meinung hinreißen, dass solch ein Gerät unerlässlich sei. Damit könnte man sich mehrere Bilder im Wechsel anzeigen lassen. So schwärmt Pauls Mutter, als dieser bei seinen Eltern zu Besuch ist. Paul kann nur selten dort sein, weil er im Ausland arbeitet, doch das Thema ist seiner Mutter anscheinend sehr wichtig. Also ermuntert Paul sie:
"Ja, dann kauf' doch so einen Rahmen."
"Ich kenne mich aber damit nicht aus. Da musst du mitkommen."
"Warum denn das, was soll ich da groß machen?"
"Na, die Fragen stellen."
"Fragen stellen?"
"Ja, natürlich. Fragen, ob das Gerät auch gut ist."
"Frag' doch selber, ob das Gerät gut ist."

"Ich kenne mich mit dem digitalen Zeug doch nicht aus …"

Etwas später präsentiert der Verkäufer des Fachmarktes ein Gerät mit der größten Bildschirmdiagonale, ganz wie von Pauls Mutter gewünscht.
"Na, jetzt frag doch mal was", fordert sie ihn auf.
Die Gegenfrage "was denn?" erspart sich Paul in Anbetracht der früheren Diskussion zuhause, er will die peinliche Situation nicht noch verschärfen.

Also, eine Frage muss her, denkt er. Er schaut den Verkäufer an, der seinerseits einen höflich fragenden Gesichtsausdruck hat. Paul sieht sich noch einmal den Karton an. "USB2.0 Anschluss" steht drauf. Er macht es dem Verkäufer leicht: "Kann ich den auch mit USB2.0 anschließen?"
Der junge Verkäufer sieht erst auf den Karton, dann wieder Paul an.
"Ja."
Okay, noch eine Frage muss mir einfallen, überlegt mein Freund. Wieder geht sein Blick auf den Karton. "8 Stunden Akkubetrieb" steht vorne dick drauf.
"Wie lange hält denn der Akku?", fragt er und leidet, weil er sich so schwachsinnig geben muss.
Schon leicht verunsichert, ob der Kunde sich einen Scherz mit ihm erlaubt, nimmt der Verkäufer die Packung hoch und deutet auf die entsprechende Aufschrift.
"Sehen Sie, hier steht es, der Akku hält acht Stunden. Das wird Ihnen bestimmt ausreichen."
Paul dreht sich zu seiner Mutter um.

"Reicht das jetzt?"
Der frostigen Stimmung auf der Heimfahrt kann er entnehmen, dass es wohl nicht gereicht hat.

Töchter sind nicht zuständig, Söhne schon! (Mutter)

Unsere Tochter ist viel älter als der Sohn. Als die ersten Commodore 64 am Markt erschienen, war die Tochter ungefähr elf Jahre alt und Peter noch gar nicht geboren. Als fortschrittliche Eltern haben wir die damalige Errungenschaft selbstverständlich für unsere Tochter gekauft, lösten damit jedoch nur mäßige Begeisterung aus. Ihr Pferd und ihre Bücher waren ihr deutlich wichtiger. Nur männliche Freunde und Verwandte sowie mein eigener Mann zeigten echtes Interesse an der neuen Technik.

Als unser Sohn vergleichbar alt war, schien er bereits mit seinem Computer verschweißt zu sein und es wurde mühsam, ihn von dort zu entfernen. Die Dinger konnten allerdings auch viel mehr als die frühen Commodore-Saurier. Die neuen PCs fesselten unsere Söhne. In allen mir bekannten Familien boten sich ähnliche Bilder: Die Knaben waren wie vor den Rechner genagelt, die Mädchen benutzen ihre Computer eher nachlässig und selten, erkannten jedoch die Vorteile der Textverarbeitung und wendeten sie an. Für Fragen und Probleme waren automatisch die Brüder (alternativ die Väter) zuständig.

Meine Tochter zum Beispiel, die schon aus beruflichen Gründen sehr gut mit den Dingern umgehen kann, verweist mich dennoch eiskalt an ihren Bruder oder auch an ihren

Mann, wenn ich Hilfe benötige. Sie tut so, als kenne sie sich nicht besser aus als ich. Ich glaube aber, sie hat bloß keine Lust, sich wegen Technik mit mir auseinander zu setzen.

Dennoch wage ich die Behauptung, dass männliche Gene sich irgendwie an einen Computer andocken. Ich stelle mir vor, dass das reduzierte Y-Chromosom aller Männer erst von der Digital-Technologie wieder komplettiert wird. Generell jedenfalls. Es kann doch kein Zufall sein, dass auch in der übernächsten Generation bereits identische Muster auftauchen. Für unsere Enkeltöchter ist ein Rechner eine angenehme Zivilisationserscheinung, während sich die Enkelsöhne leidenschaftlich mit ihrem Computer verbinden. Mein Enkel ist da keine Ausnahme.

Wir Mütter und Großmütter sind völlig unschuldig an diesem offenbar geschlechtsspezifischen Rollenverhalten. Wir nutzen es nur.

Die Sache mit dem Netz (Sohn)

Was ist eigentlich das Internet? Zuerst war das Internet für meine Mutter das kleine blaue "e" auf dem Desktop. Damit hat sie das Internet immer 'eingeschaltet'. Später gab es den Firefox, um das Internet zu starten. Seit einigen Jahren ist für sie nun Google das Internet. In gewisser Weise ist das ja gar nicht sooo falsch... Wie auch immer sie es nennt, nichts davon ist das Internet und gestartet wird es schon gar nicht von meiner Mutter.

"Bist du gerade online?"
Ich schaue auf meine Rechneranzeige: W-Lan voller Empfang. Ich checke das Smartphone: LTE-Netz drei Balken.
"Bist du gerade online?"
So eine Frage kann auch nur jemand von den Älteren bringen. Ich bin immer online, egal ob ich am Computer sitze, bei der Arbeit im Büro, mit dem Auto oder im Zug fahre. Mindestens mein Smartphone hält die Verbindung immer aufrecht. Probleme macht allenfalls der Funkempfang an unterversorgten Orten. Hier zeigt sich die IT-Rückständigkeit der Bundesrepublik und meiner Meinung nach auch die Auswirkung des demographischen Wandels. Wären die entscheidenden Schlüsselpositionen mit Jüngeren besetzt, hätte Deutschland längst ein wirklich flächendeckendes und schnelles Netz. :-|

Das Internet ist erstmal nur die Vernetzung vieler unterschiedlicher Geräte. Was man unter der Bezeichnung

Internetseiten kennt, ist davon nur ein - wenn auch beträchtlicher - Teil. Ein Computer ist auch dann online, wenn der Internetbrowser nicht aktiviert ist. Der Rechner sucht trotzdem permanent nach Updates, aktualisiert Online-Laufwerke und Cloud-Dienste oder ruft neue Mails ab. Sobald der Rechner eine Internetverbindung hat (dafür muss er normalerweise nur eingeschaltet werden), dann ist er auch online, ohne dass der Nutzer einen Browser startet. Der Computer benötigt für viele Aktivitäten keinerlei Bedienung.

Längst sind Systeme entwickelt, mit denen auch die private Haustechnik übers Internet gesteuert wird. Es wird daran gearbeitet, 'intelligente' Haushaltsgeräte miteinander kommunizieren zu lassen. Man kann sich das so vorstellen, dass zum Beispiel Waschmaschine, Geschirrspüler und Staubsauger sich abstimmen, welches Gerät wann seine Arbeit ausführt unter Berücksichtigung der von der hauseigenen Solaranlage erzeugten Strommenge. Noch stehen Aufwand und Nutzen der Möglichkeiten solcher intelligenten Systeme nicht wirklich in einem kostengünstigen Verhältnis zueinander, doch das wird sich längerfristig ändern. Derzeit am alltagstauglichsten sind LED-Glühbirnen, deren Helligkeit und Farbe von einem beliebigen Ort aus mit dem Smartphone gesteuert werden. Weitere Smart Home Systeme, die nachgerüstet werden können, gewinnen zunehmend an Beliebtheit. Aktuell ist dieser Markt noch unübersichtlich mit unterschiedlichen Standards, die nicht kompatibel sind. Es ist aber nur eine Frage der Zeit, bis einheitliche Standards zur Gerätekommunikation entwickelt sein werden.

Das Smartphone ist dabei das Steuerungsgerät, das dem Nutzer räumlich am nächsten ist. Es ist nichts anderes als ein Computer, an dem alle Kommunikationswege, die mich erreichen können, zusammenlaufen. Entsprechend meldet mein Handy mir nicht nur, wenn ich angerufen werde, sondern auch jede E-Mail, WhatsApp-Nachricht oder Eilmeldung von Spiegel Online. Ein dunkles Surren oder die Benachrichtigungs-LED setzt mich darüber in Kenntnis. Eine nette Funktion, mit der meine Mutter aber so gar nicht klar kommt, denn ihr eigenes Handy hat einen äußerst gewöhnlichen Ton, falls es seltenerweise eine Nachricht meldet.

Da ich mein Handy nicht permanent am Körper trage, liegt es vor ihr auf dem Tisch, als ich mal wieder zu Besuch bin. Eine E-Mail erreicht mich und das Handy schnurrt deshalb dreimal. Es ist ein völlig unspektakulärer Vorgang, der mehrmals am Tag stattfindet. Bei meiner Mutter aber löst er eine massive Verstörung aus.
"Was war denn das?"
Sie starrt direkt auf das Smartphone.
"Hast du das auch gehört?"
Sie dreht sich verwundert in alle Richtungen und horcht umher, noch bevor ich etwas dazu sagen kann. Oder will.
"Ich habe da was gehört."

Jetzt schaltet sich der Hund meiner Mutter ein, der bis vor kurzem noch faul neben ihr auf dem Sofa lag, nun aber von ihrem merkwürdigen Verhalten aufgeschreckt seinerseits mit

aufgestellten Ohren durch das Wohnzimmer lauscht. Fasziniert beobachte ich die komische Szene, wie Hund und Mutter nebeneinander aufrecht auf dem Sofa sitzen und verwundert den Raum absuchen. Schwer zu sagen, wer von ihnen den verdutzteren Eindruck macht. Der Hund hat mit jeweils einem schwarzen und einem weißen aufgestellten Ohr Heimvorteil in Sachen Komik, meine Mutter dagegen kann sich weitaus amüsanter (für mich!) artikulieren.
"Was war das jetzt? Hörst du das denn nicht? Verstehe ich nicht. Das habe ich mir doch nicht eingebildet..."

Das Unglaubliche ist, dass sich das Schauspiel von Verwirrung und erschreckter Überraschung noch zwei Monate lang wiederholt trotz meiner Erklärung, dass sich doch nur mein Handy meldet, weil ich eben immer online bin. Meine Mutter ist beleidigt, dass ich nicht sofort zum Gerät greife, um damit ihre Welt wieder in ihre Ordnung zu bringen und ihre Neugier zu befriedigen. Weil ich aber nicht der Sklave meines Smartphones bin, fällt sie jedes Mal aufs Neue darauf rein. Wenn ich das Gerät nicht vorher schon auf lautlos stelle, sorgt es bei jeder Benachrichtigung zuverlässig für Hochschrecken und forschende Blicke. Mit nur einem Unterschied: der Hund macht seit dem zweiten Mal nicht mehr mit. Dem ist das zu blöd. :-)

Diebisches Internet (Mutter)

Hauptsächlich stiehlt es meine Zeit.
Denn inzwischen genieße ich die vielen Möglichkeiten, Informationen und Wissen ganz einfach über das Internet erlangen zu können. Obwohl: Ich musste mich erst daran gewöhnen, statt zu einem Buch zu greifen, eine Suchmaschine anzuwerfen. Lange noch gehe ich automatisch zum Bücherregal, um etwas nachzulesen, was ich genauer wissen will, doch der neunmalkluge Sohn fragt dann:
"Bist du sicher, dass deine Bücher noch aktuell sind?"
Und wenn ich aus alter Gewohnheit einen Band des Lexikons herausziehe, lacht er mich aus. Natürlich sind meine angehäuften Werke schon etwas aus der Zeit gefallen, doch ein Pilz- oder Pflanzen-Bestimmungsbuch lässt sich im Wald immer noch gut benutzen. In der Natur entstehen nicht ständig neue Arten, natürliche Geschöpfe halten sich viel länger als irgendwelche Apps. Mein Sohn würde wahrscheinlich sogar zum Pilze Sammeln noch sein Handy benutzen. Aber er mag keine Pilze. Dafür bringt er es fertig, bei einer Stadtbesichtigung den Informationen auf seinem Handy viel mehr Aufmerksamkeit zu schenken als den realen Eindrücken um uns herum.

Von solcher Kulturlosigkeit der Anwendung mal abgesehen, bietet das Netz fast jede gewünschte Information. Allerdings oft in einer unüberschaubaren Fülle, und es dauert, bis ich mich entschieden habe, welche Seiten seriös und für meine Zwecke genau passend sind. Immer nur Wikipedia aufzurufen, ist viel zu langweilig, oft nicht detailliert genug und gelegentlich ist den Beiträgen mit Skepsis zu begegnen. Die für ein spezifisches Thema von mir aufgerufenen Seiten verführen jedoch zu immer tieferem Einsteigen ins Thema und bieten zahlreiche weitere Links, denen ich meist nicht widerstehen kann. Die Zeit verfliegt dann unbemerkt und ich habe es schon geschafft, deswegen einen ganz wichtigen Termin zu versäumen. Daher erfordert die Informationsrecherche im Internet von mir einige Selbstdisziplin.

Noch schlimmer angelegt sind die Online-Shops. Regelmäßig verführen sie mich zur Zeitverschwendung durch Stöbern in den immerwährenden Super-Sonderangeboten. Aber ich lerne zunehmend, mich dagegen zu wappnen, suche und kaufe nur dann etwas, wenn ich es wirklich brauche. Mein Kaufbedürfnis lässt sich schon dadurch stillen, dass ich den virtuellen Warenkorb auffülle und dann so unfreundlich bin, diesen einfach stehen zu lassen, also nicht den nächsten Bestell-Schritt ausführe. Einige Anbieter schrecken nicht davor zurück, mich später per E-Mail zu bedrängen, meinen Einkauf doch abzuschließen. Dann jedoch ist die Situation bereits überstanden und es fällt mir leicht, solchen Aufforderungen zu widerstehen.

Außer bei Büchern. Hier treibt mich starke Neugierde durch die Angebote auf den Webseiten. Kaum widersetzen kann ich mich den reißerischen Bereichen "Alles unter einem €" in Buch- und Bastelbedarf-Läden. So etwas animiert mich wie früher die Bücherkörbe vor einem Antiquariat. Meine äußerste Selbstbeherrschung ist gefragt, um die im Warenkorb gesammelten Dinge nicht auch wirklich zu kaufen. Trotzdem besitze ich zu viele neue Bücher, die nur wegen des billigen Preises gekauft wurden. Manche waren so grottenschlecht, dass sie gleich im Altpapier landeten. Früher wäre ich niemals so gefühlsroh gewesen, Bücher wegzuwerfen. Das Internet senkt mein kulturelles Niveau ganz bedauerlich.

Vor Jahren habe ich mich im Internet sogar regelrecht erniedrigt. Eigentlich hatte ich Angebote für Single-Reisen gesucht, denn die Preisangaben bei üblichen Reiseangeboten basieren immer auf einer Zweierbelegung von Zimmern oder Schiffskabinen. Es muss ein sehr dezenter Link gewesen sein, denn ich weiß nicht, warum sonst ich mich sehr schnell auf einer Seite befand, wo sich in Wirklichkeit nicht die potenziellen Reiseteilnehmer darstellten, sondern alle möglichen Menschen über 50. Es war eine Art Kontaktbörse mit Profilen von Partnersuchenden. Dummerweise hatte auch ich Profilangaben gemacht. Warum? Keine Ahnung, fand ich wohl lustig.

Normalerweise entziehe ich mich als höflicher Mensch freundlichen Anfragen nicht. Doch die Erfahrung zeigt, dass man seine Manieren im Internet manchmal einfach vergessen muss. Nach ein paar Tagen Kontakt auf dieser Partnerseite hatte ich 'raus, dass von den Männern eine Art Chiffren benutzt werden, um Frauen aufzureißen. Wenn man ahnungslos darauf eingeht, werden die Nachrichten deutlicher. Echter Austausch über interessante Themen ist gar nicht Sinn und Zweck der stattfindenden Kommunikation.

Jedenfalls kann ich mich mit dieser Form von Kontaktaufnahme nicht anfreunden, ich bin zu unbedarft für so etwas. Und es war ziemlich kompliziert, diese virtuelle Gemeinschaft dauerhaft und endgültig zu verlassen. Trotzdem verzichtete ich in diesem Fall bewusst auf die Unterstützung durch meinen Sohn, seine Schadenfreude und die Blamage ersparte ich mir.

Eine meiner Bekannten hat über das Internet zwar ihren neuen Mann gefunden, doch ich bin nicht dafür geeignet, mich auf einem virtuellen Markt anzubieten. Ich bin altmodisch, finde das peinlich.

Telefonrechnung als .exe (Sohn)

Meine Großeltern sind oft sehr besorgt und sie wünschen zweifellos nur Gutes für mich. In ihrer Fürsorge erzählen sie mir immer wieder mal von den Gefahren des Internets.
"Die haben da neulich im Fernsehen gesagt..."
Was genau gesagt wurde, können sie nicht beschreiben, aber jedenfalls wurde vor etwas gewarnt, das mit Abzocke im Internet zu tun hat.
"Die zeigen das immer wieder. Da gibt es immer neue Tricks."
"Menschen wurden da um mehrere Tausend Euro betrogen..."
So und ähnlich versuchen sie mich zu warnen. Und ich beruhige sie immer wieder.
"Ja, das weiß ich doch. Ich passe schon auf. Glaubt mir, ich kenne mich aus."

Tatsächlich gibt es im öffentlich-rechtlichen Fernsehen einige wenige Formate für verschiedene Zielgruppen, die rund um das Thema Computer und Internet beraten wollen. Grundsätzlich finde ich gut, dass es diese Formate gibt. Nur leider sind die verantwortlichen Macher nicht unbedingt immer auf dem Laufenden bzw. dem Stand der Technik. Das ist aber nicht so schlimm, weil diese Sendungen sich eh' an die Generation 50+ richtet, sie kommen schließlich vom ZDF oder einem dritten Programm der ARD. Jüngere und aktuellere Formate findet man leider fast ausschließlich nur im Netz. Dass die "Tageswebschau" aus dem normalen Programm verbannt und zur "Wochenwebschau" verkleinert wurde, ist nur ein Beweis für die Überalterung des öffentlich-rechtliche

Rundfunks mit seinem Publikum und ein weiterer Grund, sich über pauschale Rundfunkgebühren zu ärgern...

Auf jeden Fall verursachen solche Sendungen bei meinen Großeltern den Eindruck eines unheimlichen, sogar gefährlichen Internets. Weil dort böse Menschen unsere Geheimzahlen stehlen und anschließend unser Geld. Was meine Großeltern meinen, ist Phishing. Zum einen nennt man es so, weil breit verteilt ein Köder ausgeworfen wird, den das Opfer schlucken soll und zum anderen kommt der Name bestimmt auch daher, dass man es hier eher nicht auf die intelligentesten Opfer abgesehen hat. Denn das "P" am Wortanfang steht natürlich für Passwort und dieses soll abgefischt werden.

Wenn Sie tatsächlich schon Opfer eines Phishing-Angriffs wurden, ist das natürlich ärgerlich und tut mir auch Leid. Und hoffentlich wurde der Schaden von Ihrer Bank ersetzt. Am besten, Sie überspringen den Rest des Kapitels. ;-)

Vermutlich hat jeder von Ihnen schon mal eine Mail erhalten, mit der Sie aufgefordert wurden, Passwörter, PIN-Nummern, Kreditkartennummer oder ähnliches weiterzuleiten. Solche Mails sind immer so formuliert, als kämen sie von einer echten Bank oder einem seriösen Unternehmen. Folgt man dem angefügten Link bzw. öffnet man die Anlage, wird man in der Regel auf eine gefälschte Internetseite weitergeleitet, die ebenfalls aussieht wie das Original, die von Ihnen aber jetzt die erwähnten vertraulichen Angaben wünscht. Solche Phishing-Mails werden millionenfach verschickt. Wenn nur einer darauf rein fällt, haben die Betrüger schon gewonnen. Wie gesagt, manche Fernsehformate wollen darüber aufklären und so kommt es zu der kuriosen Situation, dass ausgerechnet meine Großeltern mich vor dieser digitalen Bedrohung schützen wollen. :-)

Aber sind Phishing-Mails wirklich eine Gefahr für den normalen User? Meinen Großeltern habe ich den ganzen Vorgang einmal analog zu erklären versucht. Stellen Sie sich vor, Sie bekommen einen Brief von Ihrer Bank, oder zumindest einen, der so aussieht. Im Anschreiben steht so etwas wie:
"Sehr geehrter Kunde, uns ist leider ein Fehler mit Ihrer EC-Karte passiert. Aufgrund eines technischen Defektes müssen wir Ihre Karte manuell neu aktivieren. Zu diesem Zweck tragen Sie auf dem beiliegenden Formular bitte Ihre Kartennummer und die dazugehörige PIN-Nummer ein und schicken uns dieses am besten zusammen mit Ihrer EC-Karte im beiliegenden Briefumschlag zurück. Mit freundlichen Grüßen, Ihre Bank."

Na, würden Sie darauf reinfallen oder den Brief wirklich als Bedrohung empfinden? Mein Großvater ist 96. Selbst er kommentierte nach dieser Erklärung des Beispiels nur:
"Wer darauf reinfällt, ist dann auch selber schuld!"

Bei meiner Mutter konnte ich mir eigentlich relativ sicher sein, dass sie auf Derartiges nicht reinfällt. So hat es mich gefreut, dass sie sogar Amazon kontaktierte, als sie eine Betrüger-Mail bekam, die mit Logo und im Namen von Amazon ihre

Kreditkartendaten zwecks Aktualisierung ihres Kundenkontos abfragen wollte. Daher glaubte ich, bei ihr unbesorgt sein zu können. Dachte ich zumindest...

Dann beschwert sie sich bei mir darüber, dass mit ihrem neuen Mail-Programm die Links in den Mails oft nicht aktiv sind. Die in einer Mail übermittelten Internetadressen lassen sich nicht durch einfaches Anklicken aktivieren, sprich, die Webseite hinter der Adresse öffnet sich nicht automatisch.
Zu fünfzig Prozent liegt dies daran, dass durch unbekannte oder verdächtige Absender die Funktion automatisch deaktiviert wird. Bei den restlichen fünfzig Prozent hab ich die Ursache auch noch nicht herausgefunden. :-(

Auf jedem Fall beklagt sich meine Mutter -mal wieder- telefonisch bei mir, dass diese Funktion nicht funktioniere und dass es doch so umständlich sei, die Adresse manuell in den Browser zu kopieren. Jetzt müsste sie erst die Zeile mühsam markieren, nur um die Telefonrechnung von Vodafon zu öffnen.
"Moment mal, seit wann hast Du denn einen Vertrag bei Vodafon?", werde ich stutzig.
"Hab ich ja eben nicht. Deshalb will ich doch sehen, was das ist. Der Link geht aber nicht... und jetzt muss ich das erst runterladen."
"Wieso herunterladen? Lass dir die PDF doch im Browser anzeigen."
"Das geht ja nicht. Deshalb will er, dass ich die Datei herunterlade."

"Natürlich kann man sich eine PDF anzeigen lassen. Wie heißt denn die Datei, die du herunterladen sollst?"
"Telefonrechnung.exe."
Entsetzt und fassungslos, vermutlich auch schreiend, reagiere ich.
"Das ist ein auszuführendes Programm!"
"Ja, um die Telefonrechnung anzuzeigen. Der Rechner fragt mich, ob er das jetzt ausführen soll?"
"NEIN!!! Auf keinen Fall, das ist ein Virus."

Es zeigt sich, dass es nur der richtigen Masche bedarf, um passende Opfer zu finden. Eine Mail von der Bank hätte meine Mutter sofort als Fake identifiziert und ebenfalls die schriftliche Aufforderung, Passwörter anzugeben, energisch zurückgewiesen. Aber eine vermeintlich falsche Telefonrechnung weckte ihr streitbares Interesse. Und ihre technische Naivität verleitete Sie dazu, einen Virus herunterzuladen und beinahe auch noch auszuführen, obwohl sie aus ihren Dos-Betriebssystem-Zeiten die .exe-Funktion doch kennt!

Dass es sich um einen Virus handelte, war in diesem Fall extrem einfach zu erkennen: Jedes Dokument auf dem Computer hat einen Namen, es folgt immer ein Punkt, dahinter ein Kürzel. Solche Zeichen hinter dem Namen sind zum Beispiel ".txt". Zur besseren Übersicht werden diese Zeichen nicht immer angezeigt, sind aber trotzdem vorhanden. Sie sagen dem Computer, wie er mit der jeweiligen Datei umgehen, also mit welchem Programm er sie öffnen soll. Am Kürzel .pdf erkennt er zum Beispiel, dass es sich hier (man kann es sich schon denken) um ein PDF-Dokument handelt, .doc oder .docx ist ein Word Dokument, .odt ein open-source Dokument, .mp3 eine Musikdatei, .jpg ein Bild und so weiter. Das Kürzel .exe beschreibt eine auszuführende Datei, diese öffnet nicht nur, sie setzt etwas in Gang und dahinter kann sich Vieles verstecken. Exe-Dateien sind Standarddateien, um Programme zu starten. Wenn Sie zum Beispiel den Internetbrowser Firefox starten, führt der Computer nichts anderes aus als die firefox.exe Datei. Das soll auch so sein.

Ein Problem ist, dass es auch zerstörerische Programme gibt, zum Beispiel Viren. Ein Virus ist eben auch nur ein Programm, das gestartet werden muss. So hatte meine Mutter zwar den Telefonrechnung.exe-Virus heruntergeladen, ihn (die .exe-Datei) aber noch nicht ausgeführt. Bis dahin war es ungefährlich. Das Ausführen einer solchen Datei allerdings muss man sich so vorstellen, als ob man die Büchse der Pandora öffnet. Solange der Deckel zu ist, bleibt alles in Ordnung.
Die manchmal nervige Abfrage von Windows "Möchten sie diese Datei ausführen?" soll einen noch einmal extra darauf hinweisen, dass man dabei ist, ein Programm auszuführen.

Wenn Sie sich jetzt denken: "Super, solange ich keine .exe-Dateien herunterlade, bin ich geschützt gegen Viren", stimmt das leider nicht. Ganz so einfach ist es eben nicht. Das geschilderte Beispiel ist nur einer der offensichtlichsten und primitivsten Versuche, Sie dazu zu bringen, einen Virus per .exe-Datei loszulassen und Ihren Rechner zu infiltrieren. Die Wahrheit ist, dass auch Musikdateien, USB-Sticks, der Besuch mancher Internetseite oder manipulierte Programme Viren auf Ihren Rechner befördern können. Deshalb gilt für jeden Rechner: Ein aktuelles Antivirenprogramm ist ein Muss! Es gibt diese Programme sogar als kostenlose Versionen, beispielsweise von Avira. Einfach bei Google eingeben, Seite öffnen und den Installationsanweisungen folgen. Das ist alles sehr einfach gehalten.

Darüber hinaus sollten Sie Ihr Betriebssystem (meist Windows) immer auf dem aktuellsten Stand halten und dafür die automatische Updatefunktion aktivieren.

Ein letzter Hinweis: möglichst nicht den Internetexplorer von Microsoft als Browser benutzen! Das hat einen ganz einfachen Grund. Dieser Internetexplorer ist standardmäßig auf jedem Windows-Rechner vorinstalliert und daher der am häufigsten verwendete. Dies bedeutet leider nicht, dass er besonders gut ist, sondern dass er besonders häufig angegriffen wird. Stellen sie sich vor, Sie wären ein böser Mensch und entwickeln eine Schadsoftware, um einen Internetbrowser zu attackieren. Welchen Internetbrowser würden Sie attackieren wollen, damit sich Ihre Arbeit lohnt: den von Microsoft, den fast alle benutzen, oder irgendein No-name-Produkt mit nur 5% Marktanteil? Na also, auch wer Übles vorhat, will großen Erfolg haben.

Der Firefox Browser von Mozilla ist durchaus empfehlenswert. Seine Vorteile sind das klare Bekenntnis zum Datenschutz und zur Open-Source Architektur.
Alternativ gibt es noch den Chrome-Browser von Google. Wenn man bereits ein Android System auf dem Smartphone oder Tablet verwendet, passt dieser Browser dazu. Nach Datenschutz sollte man hier aber lieber nicht fragen.
Ja, die Auswahl des verwendeten Browsers ist auch immer ein gewisses Statement ;-)

Doch alle Vorinstallationen und Schutzprogramme helfen leider nichts, wenn der Anwender nicht mitmacht und zumindest ein Minimum an Vorsicht und Misstrauen walten lässt. Auf "schicken Sie mir bitte ihre PIN-Nummer und Kreditkarte" muss man ja nun wirklich nicht reinfallen, oder?

Zum Beispiel E-Mails (Mutter)

Fluch und Segen sind die. Etwa alle zwei Jahre verändert mein Sohn das E-Mail-Programm oder richtet eine andere Version ein. Dann sitze ich ratlos vor dem Bildschirm und kann plötzlich die einfachste Aktion nicht mehr ausführen. Es ist so peinlich! Bisher fand ich die notwendigen Befehle irgendwo in diesen Menüs oder Fenstern am oberen Rand, und es war simpel, etwas Wichtiges auszudrucken.

Neuerdings gibt der Bildschirm erst mal gar nichts her, was irgendwie nach Drucken aussieht. Alle verfügbaren Klickstellen haben nichts mit Drucken zu tun. Ich erinnere mich, dass weitere Dinge auftauchen können, wenn ich mit der Maus ziellos am rechten Rand entlangfahre. Die nun erscheinenden Symbole helfen mir auch nicht weiter. Ich ärgere mich maßlos, finde drei sinnlose Punkte noch weiter unten rechts und klicke drauf. Auch wieder nichts Eindeutiges. Obwohl ich überzeugt bin, dass unter "mehr" nur noch unverständliche technische Optionen zu finden sind, klicke ich schließlich frustriert auch noch dahin und staune: das Wort "Drucken" erfreut mein Auge. Nur noch ein paar Klicks, und hurra, ich habe es geschafft.
Es bleibt fraglich, ob ich mich nächste Woche noch an diesen unfassbar umständlichen Weg erinnern werde. Habe die Vorgehensweise doch jetzt schon vergessen, weil das Ganze nur ein Ausprobieren war.

Was denken sich die Programmierer eigentlich dabei? Drucken muss man doch ständig, während ich Ordner nur sehr gelegentlich umsortiere, aber ein Button für solch seltene Aktion ist sofort erreichbar.

Weiterer Nachteil der elektronischen Post ist ihre Masse. Zwar kann mein Mail-Programm nett vorsortieren: Spam, Junk und sonstige Posteingänge, doch es sind einfach zu viele. Wenn man die nutzlosen Mails löscht, sind sie aber nicht weg, sondern lassen einen riesigen Papierkorb-Ordner anschwellen. Mich stört das, ich finde, das nimmt nur unnötigen Platz im Speicher weg. Noch drängender ist dabei mein Gefühl, schlampig zu sein wie ein Messie, der seinen Müll nicht entsorgen kann. Damit will ich nicht leben und finde einen Weg, diesen Unrat endgültig zu entsorgen. Aber dann erscheint auf dem Bildschirm die dämliche Frage: "Wollen Sie alle Inhalte wirklich dauerhaft löschen?" Diese Meldung ärgert mich besonders. Meine reale Mülltonne fragt das nicht, wenn ich sie zur Abfuhr 'rausstelle. Das versteht sich doch von selbst. Energisch klicke ich "Ja".
Es kann natürlich sein, -und ja, es ist mir schon passiert-, dass ich in meiner Aufräumwut etwas unwiderruflich lösche, was ich später verzweifelt wiederfinden will. Das ist halt wie im richtigen Leben...

Ich finde es durchaus spaßig, wenn ich eine persönliche Nachricht erhalte, dessen Text mit einer Art Smiley aufgelockert oder beendet wird. Diese gelben Gesichter können verschiedene Emotionen ausdrücken und ich würde sie auch gerne benutzen. Aber wie? Ich will das auch können, ansonsten fühlt sich mein Selbstwertgefühl schon wieder angegriffen. Je nach Tagesform - und abhängig davon, ob das Programm sich nicht schon wieder geändert hat- finde ich heraus, wie es geht und verziere meine Antwort nun ganz üppig ebenfalls mit solchen gelben Gesichtern.

Zwei Monate später hat sich entweder das Erscheinungsbild meines Explorers (oder wie immer das heißt) verändert, oder ich habe gerade vergessen, wie die Stimmungs-Gesichter erzeugt werden. Weil mein Sohn anwesend ist, frage ich ihn unüberlegt spontan. Kann er mir nicht einfach kurz antworten? Aber nein, ohne Murren und abwertende Kommentare, die viel mehr Zeit verbrauchen als der von mir gewünschte knappe Hinweis, erklärt er es mir nicht. Stattdessen erinnert er mich daran, dass ich den Vorgang vor einiger Zeit doch schon beherrscht hätte. Ich kontere damit, dass man nur durch Wiederholung lernt, und dass die Bildschirmoberfläche sich inzwischen verändert hat und dass er ein ekliger Widerling ist, der mir nicht helfen will.
Schließlich sage ich wütend:
"Dann lässt du es eben, verflixt noch mal. Ich kann meine Nachrichten auch ohne dich schreiben!"
"Ja, dann mach`s doch. Du siehst doch, dass ich selbst zu tun habe."
"Ach was, die zwei Sekunden für mich sind dir zu viel?"
"Nee, aber ich kann mich nicht konzentrieren, wenn du so einen überflüssigen Quatsch wissen willst. Außerdem kannst du es selber."

"Dann würde ich dich nicht fragen. Du bist aber auch unerträglich stur!"
Manchmal zischt er dann wütend die Lösung meines Problems hervor, unweigerlich gefolgt von seiner permanenten Beschwerde:
"Das machst du doch bloß, um mich zu quälen."
"Das stimmt überhaupt nicht, wann habe ich dich jemals gequält?"
"Jetzt. Jedes Mal, wenn du am Rechner sitzt."
Ein Beispiel für die Endlosschleifen unsere Streitereien.
Ohne Computer hätten wir solche Konflikte nicht. Glaube ich zumindest.

Aber zurück zu den E-Mails: Sie sparen Porto und sind herrlich schnell für Kommunikation, für die Übersendung von Inhalten und den Austausch von Informationen. Außer, wenn einige Zeit nach dem Abschicken eine Rückmeldung kommt, dass die Versendung fehlgeschlagen ist, weil irgendein dämonischer Server nicht vorhanden sei. Solche Rückmeldungen haben eindeutig etwas Teuflisches an sich, sie erzeugen hilflose Wut. Und von Behörden erhalte ich bevorzugt die Mitteilung, dass der Empfänger für eine gewisse Zeit nicht erreichbar sei und die Mail nicht gespeichert würde. Erfahrungsgemäß würde ein echter (materieller) Brief nun auf dem Schreibtisch des Bearbeiters liegen, bis er von seiner Kur oder aus dem Urlaub zurück ist. Vielleicht würde sich sogar ein Kollege erbarmen, den Brief nehmen und mein Anliegen bearbeiten.

Wenn allerdings mein oberschlauer Sohn eine Mail an mich zwar angefertigt, sie aber nicht abgeschickt hat, dann kann auch ich mal von oben herab kommentieren:
"Verstehe gar nicht, wie du das immer hinkriegst."

E-Mails verschwinden überhaupt gerne im Nirwana. Oder in der Hölle, siehe oben. Alternativ rutschen sie in den Spam-Ordner. Besonders gerne, wenn es welche sind, auf die ich dringend warte. Man darf nie vergessen, wichtige Informationen auch im Abfall zu suchen. In der digitalen Welt ist das so.

Gefahrenabwehr im Internet (Sohn)

Das Internet bietet viele neue Möglichkeiten und diese gehen einher mit neuen Regeln. Nicht aus funktionalen Gründen, sondern aus Sicherheitsgründen sind diese Regeln zu beachten. Schließlich sind wir durch die Anbindung ans Netz mit unzähligen Menschen verbunden, darunter auch mit solchen Leuten, die einem etwas Übles wollen. Denen wollen wir zum Beispiel nicht den Zugriff auf unser Bankkonto oder auf private Informationen erlauben, also müssen gewisse Sicherheitsmodalitäten berücksichtigt werden. Und dazu gehören halt Passwörter. Mit diesen Kennwörtern weisen Sie sich im Internet als Berechtigte aus. Bessere, praktikable Optionen zum Schutz unserer privaten Bereiche im Netz gibt es eben nicht. Anfangs versucht meine Mutter, sich diesem grundlegenden Prinzip einfach zu verweigern.

Wenn ich an ihrem Rechner etwas ändern muss, ihr vielleicht ein neues E-Mail Programm aufsetzen will und nach einem Passwort frage, ist ihre wahrscheinlichste Antwort: "Na, eins meiner üblichen Passwörter halt."
Also, dieser Satz ist sowas von verheerend falsch, verwerflich und naiv, dass ich mich darüber maßlos ärgern kann. In dieser Antwort stecken nämlich verschiedene Botschaften, die jede für sich ungeheuerlich ist.

Zu allererst erwartet meine Mutter offenbar von mir, ihre dusseligen Passwörter zu kennen. Ich kann mir ja nicht mal meine eigenen merken und versuche das auch nicht.

Trotzdem geht meine Mutter wie selbstverständlich davon aus, dass ich mir ihre Kennwörter eingeprägt hätte. Das führt nicht nur das Prinzip des Passwortes ad absurdum, sondern beinhaltet auch eine, wie ich finde, unverschämte Anforderung an mich. Grund genug, sauer zu reagieren.

Ein weiterer empörender Fehler in der beiläufigen Antwort meiner Mutter ist der Hinweis auf 'übliche Passwörter'. Das kann nur bedeuten, dass sie möglichst oft dasselbe Passwort für unterschiedliche Seiten oder Anwendungen benutzt. Mir ist bekannt, dass viele Menschen dies aus reiner Bequemlichkeit tun, aber ich habe ihr endlos oft erzählt, dass so etwas äußerst dumm ist und man diesen Fehler auf keinen Fall machen darf.

Betrügern ist diese Naivität vieler Leute nämlich sehr bewusst. Wenn die Kriminellen erst einmal das Passwort von einem noch so unbedeutenden Online-Account (Konto) haben, dann wird mit automatisierten Programmen in wenigen Minuten an allen möglichen anderen Accounts ausprobiert, wo dieses Passwort in Verbindung mit dem Benutzernamen ebenfalls funktioniert. In der Regel ist die eigene E-Mailadresse nämlich gleichzeitig der Nutzername. Für den Betrüger geht anschließend die Shoppingtour los auf Kosten des bequemen Passwortinhabers, selbst wenn es nur in einer Onlineapotheke ist.

Die Ursache dafür ist, dass nicht alle Seiten, bei denen Sie sich angemeldet haben, ausgefeilte Sicherheits-Programme verwenden und daher gerne mal gehackt werden. Auf diese Weise kommen Kriminelle an einen großen Katalog von Mailadressen und Passwörtern. Das Nächstliegende für diese Leute ist nun, auszuprobieren wo die Kombination von Mailadresse und Passwort ebenfalls akzeptiert wird. Noch einfacher lassen sich unsere Informationen für die Betrüger erlangen, indem sie selber eine Seite oder ein Onlinespiel erstellen, wo man sich mit Mailadresse und einem gewählten Passwort anmelden muss. Wer das macht, dessen Daten landen auf einer Liste, die teuer verkauft wird. Es gibt einen großen Schwarzmarkt für derartige Daten-Listen.

Der Supergau ist dann eingetreten, wenn Ihr E-Mail-Account, mit dem Sie überall angemeldet sind, gehackt wurde, weil Sie das entsprechende Passwort mehrmals verwendet haben oder es zu schwach (zu simpel) war. Ihr E-Mail-Account ist deshalb am wertvollsten, weil Sie sich damit überall im Netz angemeldet haben. Ist der Mail-Zugang erst einmal geknackt, wird ein Betrüger als erstes schon mal Sie selber von ihrem eigenen Account aussperren, indem er das Passwort ändert. Danach kann er in aller Ruhe ihren gespeicherten Mails entnehmen, wo überall sonst Sie noch Accounts haben, also registriert sind. Online-Shops sind besonders interessant.

Selbst wenn der Kriminelle das spezielle Passwort für den jeweiligen Shop noch nicht kennt, weil Sie so vorsichtig waren, Ihre Kennwörter nicht mehrfach zu verwenden, kann er unter Angabe ihrer Mailadresse das Kennwort einfach zurücksetzen lassen. Meistens bieten schon die Anmeldeseiten der Shops komfortable Funktionen dafür an. Der Betrüger braucht nur anzuklicken, er hätte das Passwort vergessen, schon wird ihm ein neues zugeschickt. Zwar sendet der Online-Händler dieses neue Zugangswort sicherheitshalber grundsätzlich nur an die hinterlegte E-Mailadresse, doch diese hat der Betrüger ja bereits unter Kontrolle.

Mit dem neuen Passwort wird er sich nun in ihrem Onlineshopping-Account anmelden. Vermutlich haben Sie ihre Zahlungsmodalitäten dort auch hinterlegt, jedenfalls kann er nun auf Ihre Kosten fröhlich einkaufen. Für die Warenlieferung wählt er (s)eine Auslandsadresse, die sich nicht nachverfolgen lässt.

Naivität und Bequemlichkeit sind die größten Risiken im Netz. Die Wahrscheinlichkeit, dass genau Ihr Computer von außen ohne Ihr eigenes Zutun manuell gehackt wird, ist nahezu ausgeschlossen, wenn Sie nicht ein interessanter Geheimnisträger sind. Was allerdings häufig gemacht wird, ist, Ihnen Fallen zu stellen, um Ihre Passwörter auszuspähen. Das ist die größte Gefahr.

Deshalb habe ich nun meine Mutter dazu gezwungen, für jeden einzelnen - wirklich jeden! – Online-account ein eigenes Passwort zu benutzen. Insbesondere das Passwort für den E-Mail-account muss sicher sein und darf niemals noch für irgendein anderes Konto verwendet werden!!!

Jetzt werden Sie sich ebenso wie meine Mutter wahrscheinlich beschweren:

"Das kann ich mir doch gar nicht alles merken."
Nö, natürlich nicht. Aber das müssen Sie ja auch nicht. Es hat lange gedauert, aber schließlich hat es auch meine Mutter eingesehen: Die sicherste Methode ist immer noch die analoge Speicherung in Form eines Blattes Papier und Stift. Sie müssen sich das Passwort für "My little happy Pony" nicht merken. Sie können es getrost ganz altmodisch aufschreiben. So entsteht zwar eine beträchtliche Liste, aber was solls. Ein Passwort, das man eh nur alle paar Monate einmal braucht, ist auf einem Blatt Papier sehr gut aufgehoben. Genau genommen gibt es doch nur eine Handvoll Passwörter, die es wert sind, gemerkt zu werden. Dazu gehört unbedingt der Zugang zum eigenen Mailaccount und ggf. Facebook oder zu den Seiten, die man sonst noch regelmäßig besucht. Wer seine -anspruchsvollen!- Passwörter fürs Onlinebanking oder die Kreditkartenverwaltung nicht im Kopf speichern kann, schreibt sie sich eben auf.

Für alles andere darf man auf die Funktion des Browsers, Passwörter auf dem Computer zu speichern, zurückgreifen. Dies ist zwar ebenfalls kritisch zu sehen, aber dennoch weitestgehend vertretbar, da es einen massiven Angriff auf genau ihren Rechner voraussetzt, um die hier gespeicherten Daten auszulesen. Wenn aber ein Eindringling bereits so weit gekommen ist, dann ist ohnehin schon alles zu spät. In einem solchen Fall können Sie nur noch den Rechner neu formatieren und ganz von vorne anfangen. Aber wie gesagt, das ist sehr unwahrscheinlich.

Der beste Schutz davor, Opfer eines Hackerangriffes zu werden, ist schlicht und ergreifend ausgerechnet die große Masse an Nutzern, die online unterwegs sind. Man kann sich das so vorstellen, als sei man eine durchschnittliche Sardine in einem riesigen Sardinenschwarm. Natürlich gibt es räuberische Experten, die in der Lage sind, Sie zu jagen und zu erlegen. Aber warum sollte ein Räuber ausgerechnet Sie in dem Riesenschwarm auswählen? Zum einen gibt es lohnenswertere Ziele als Sie und zum anderen ist eine Verfolgungsjagd anstrengend. Viel einfacher für einen intelligenten Jäger ist es, Köder auszuwerfen und bloß auf die Dummheit eines Opfers zu warten. In einer derart großen Masse, wie sie alle Internet-Nutzer zusammen bilden, finden sich immer genügend unbedarfte Opfer. Und die werden durch relativ einfache, automatisierte Verfahren ohne großen Aufwand geplündert.

Das mag etwas frustrierend klingen, aber im Grunde bedeutet es nur, dass man aufpassen muss, nicht auf simple Köder herein zu fallen. Solange man selber keine Dummheiten macht, wie zum Beispiel die Verwendung gleicher oder zu einfacher Passwörter, ist man einigermaßen geschützt. :-)

Die elenden Passwörter (Mutter)

Wenn's nicht so herrlich mühelos wäre, an jegliche Informationen zu gelangen, Reisen zu buchen, Bankgeschäfte und Einkäufe abzuwickeln, zu kommunizieren und irgendwo Kommentare abzugeben oder sogar Texte gemeinsam zu bearbeiten, wenn alle diese Erleichterungen nicht wären, dann würde ich das Internet ja gar nicht nutzen... Denn es ist gefährlich, schickt Viren und andere Missetäter, spioniert mir nach und sammelt meine Daten, fordert mich zu Dummheiten auf und hat garantiert noch weitere unsympathische Aspekte. Zum Beispiel das massenhafte Zuschütten mit Werbung oder das Überfluten mit banalen Bildern und Sprüchen von 'Freunden' in sozialen Netzwerken.

Außerdem bin ich vor vielen Jahren dem Internet einmal auf den Leim gegangen, danach zwar nie wieder ernsthaft schlimm, aber, mein Gott, war das damals ein Fiasko! Passiert ist das nur, weil ich von meinem Sohn verschärft gewarnt worden war vor Viren, Würmern, Trojanern und dergleichen. Selbstverständlich hatte er mir schon eine Schutz-Software installiert und ich wollte doch lediglich den Schutz noch ein bisschen verstärken.
Dafür hatte ich irgendeiner falschen Anfrage geglaubt, die für mich so aussah, als käme sie von Microsoft und ich habe sie auf einer bösartigen Seite bestätigt. Nach ein paar Tagen funktionierte einfach gar nichts mehr auf dem PC. Irreparabel. Nun ja, vielleicht war der Teenager-Sohn damals auch noch nicht kompetent genug mit Rechnern... Er musste alles neu

formatieren, alle Daten waren weg, bis auf die Dateien, die schon vorher auf Disketten waren.

Ja, damals hatten wir noch Disketten, so quadratische, flache schwarze Plastikdinger als Datenträger. Klar, dass heute, wo ich mich längst so schön an CDs und Memory-Sticks gewöhnt habe, schon wieder alles umgeschmissen wird, Stichwort 'Cloud', von mir nur Wolke genannt. Hier ist alles noch viel weniger greifbar und für mich weder logisch noch imaginär nachvollziehbar. Die alten Speichermedien, die man anfassen und in der Schublade verstauen kann, sind mein Eigentum, nur ein Einbrecher könnte sie vielleicht bei mir finden. Wenn ich meine Speicher in oder an den Rechner stecke, werden die Daten darauf für mich wieder sichtbar, das ist völlig unkompliziert.

Aber jedes Forum, jeder Shop, jede interessante Seite, von der ich Informationen nutzen möchte oder wenn ich irgendwo Kommentare hinterlegt habe, alle diese Internetseiten sind unglaublich wichtigtuerisch und fordern Nutzernamen und Zugangswörter. In den meisten Fällen ist das eine lächerliche Farce, was man spätestens dann merkt, wenn man die entsprechenden Passwörter mal verloren hat. In solchen Fällen ist es simpel, ein neues Passwort per E-Mail anzufordern und das beweist doch schon, wie überflüssig das Ganze ist. Finde ich jedenfalls.

Für mich sind diese ewigen Passwörter eine Pest. Peter beschwört mich immer wieder, möglichst komplizierte, sinnlose Zeichenfolgen dafür zu nehmen statt irgendwelcher Begriffe, die für mich einen Sinn -und möglichst einen Zusammenhang zur Webseite- ergeben. Weil in fast jedem Krimi die Situation dargestellt wird, wie Passwörter geknackt werden, lasse ich mich auf Peters Forderung ein, falls es sich um Zugangswörter für Konten bzw. Seiten handelt, die mit Zahlungsverkehr zu tun haben. Also für Bank, Kreditkarte, Amazonkonto oder sehr private Bereiche wie E-Mail-Konten und Ähnliches. Bei irgendwelchen anderen Portalen nehme ich was Schlichtes und erlaube dem Rechner, dieses Passwort zu speichern.

Wehe jedoch, der Rechner muss gewechselt oder ein Programm neu aufgesetzt werden. Grundsätzlich verschwinden dabei Passwörter, für manche Login-Seiten vervielfachen sie sich wiederum. Kein Mensch steigt mehr durch, was nun der Benutzername und was das Passwort ist, und insbesondere bleibt völlig unklar, welches das aktuellste Passwort ist. Ich hasse das so! Überhaupt sind in den meisten Fällen jegliche Passwörter eine überflüssige Arroganz der Seitenbetreiber. Wo immer es geht, verweigere ich die Registrierung. Online-Shops sind besonders gierig auf meine Daten, ständig wollen die, dass ich mich bei ihnen registriere. Ich kaufe lieber als Gast ein.

Passwörter muss man sich merken. Weil das bei der Menge und Kompliziertheit meistens nicht klappt, schreibt man sie auf. Manchmal funktionieren sie trotzdem nicht, weil man sie inzwischen mal geändert oder ein klein wenig falsch notiert hat. Mir passiert so etwas, denn meine Liste mit Pass- und Kennwörtern ist drei Seiten lang und nicht sehr übersichtlich. Wenn das Vergessen ein Bankkonto oder die Kreditkarte betrifft, darf man nicht einfach ausprobieren, bis die Eingabe endlich passt, sondern wird nach drei Fehlversuchen gewissermaßen totgeschossen.

Danach wird ein wahrhaft abenteuerlicher Aufwand erforderlich, um die Nutzung wieder möglich zu machen. Es hilft auch nichts, persönlich in der Bank zu erscheinen, um durch Anwesenheit, Ausweis und Unterschrift die eigene Identität beweisen zu wollen.
Ich brauche zusätzlich noch mindestens den richtigen Nutzernamen, eine persönliche Identifizierungsnummer (PIN), meine Plastikkarte mit dem Magnetstreifen und seinen heimlichen Daten darauf sowie irgendein längst vergessenes finales Sicherheitswort. Wenn man dieses aussucht und festlegt, muss man besonders vorsichtig sein. Das Lieblingsbuch könnte sich in zehn Jahren verändert haben und mir ist sogar schon mal die genaue Schreibweise des Namens meiner ersten Lehrerin entfallen. Junge Leute bedenken auch nur selten, dass die Liste mit Namen von Haustieren im Laufe eines längeren Lebens unübersichtlich werden kann.

Insgesamt empfinde ich es als Zumutung, dass meine digitale Existenz in Form einer willkürlichen Anordnung von Ziffern, Buchstaben und Sonderzeichen die Voraussetzung ist zur Anerkennung meiner realen Existenz.

Die elenden Passwörter sind zu einem unvermeidbaren Bestandteil unseres Lebens geworden. Wo früher Name, Geburtsdatum und Adresse ausreichten, werden nun weitere abstrakte Zeichenkombinationen gefordert, die auch noch kompliziert sein müssen, um nicht von Mensch oder Maschine erraten werden zu können. Inzwischen denke ich mir einen Spruch, Gedichtanfang oder dergleichen und nehme die Anfangsbuchstaben der jeweiligen Wörter. Mit Glück erinnere ich mich an den richtigen Spruch, doch oft werden noch Zahlen oder Sonderzeichen zusätzlich gefordert. Weil ich bei der Auswahl besonders originell sein will, staune ich später, wie viele Möglichkeiten es gibt, diese Zeichen wiederzufinden oder korrekt an meinem Passwort unterzubringen.

Passwörter machen mir das Leben schwer. Am liebsten würde ich überall das gleiche Passwort nehmen, doch dann würde mein Sohn ausrasten und mir garantiert nicht mehr bei einer Schadensbekämpfung helfen. Oder doch?

Der richtige Umgang mit temporären Wahrnehmungsstörungen (Sohn)

"Jetzt oben rechts auf "Weiter" klicken."
"Da steht nirgends "weiter"."
"Doch, oben rechts steht "weiter"."
"Nein, da ist nichts."
"Oben rechts auf "weiter" klicken!"
"Bei mir steht da aber nichts!"
"Oben rechts auf "weiter" klicken."
"Ich finde das nicht. Da ist nichts."
"Doch. Klick auf "weiter", steht oben rechts!" "
"Oben rechts auf "weiter" klicken geht bei mir nicht…"
"Doch, klick jetzt auf "weiter"!"

Den außenstehenden Betrachter mag meine unverändert eintönige Aufforderung verwundern, ihm vielleicht unhöflich und kontraproduktiv erscheinen, doch hinter diesem Benehmen steht jahrelange Erfahrung mit meiner Mutter und ihrem Verhalten am Computer. So geht es im obigen Dialog nicht primär darum, den Button "Weiter" zu finden (der selbstverständlich vorhanden ist), sondern vielmehr darum, meine Mutter dazu zu bewegen, sich die Existenz dieses Buttons einzugestehen. Das Problem ist nämlich, dass dieser zu Beginn der Diskussion für meine Mutter nicht existiert hat. Also, er war durchaus vorhanden und für jeden sichtbar, halt nur nicht für meine Mutter.

Das grundlegende Hindernis ist, dass meine Mutter kategorisch davon ausgeht, dass nicht sie, sondern der Computer einen Fehler macht und ausgerechnet ihr den Button nicht anzeigt. Deshalb muss ich durch monotone Beschwörung diese Blockade durchbrechen und den Button von einer metaphysischen Existenz in das Wahrnehmungsfeld meiner Mutter transzendieren.
Dafür hat sich das konstante Wiederholen und Bestätigen der Existenz des zu findenden bzw. zu erschaffenden Objektes als am effizientesten herausgestellt. Versuche alternativer Beschreibungen oder neue Anweisungen geben ihr die Chance, abzulenken und neue Fragen zu stellen, sind also entsprechend kontraproduktiv.

Irgendwann wechselt der Button auch für meine Mutter in die existenzielle Welt, sie findet ihn mit der erfreuten Bemerkung: "Ach, daaa!"
Stellt sich das gesuchte Objekt im Nachhinein als besonders auffällig dar (selbst für meine Mutter), so wird dieses in der Regel mit "Sieht ja ganz anders aus. Sag' das doch gleich..." quittiert. -_-

Wie ich mir das System wünschen würde (Mutter)

Die digitale Welt ist für ältere Menschen eine innovative Zweitwelt, die sich ständig rasant verändert. Zwar kennen wir die physische Welt und ihre Veränderungen, wir haben uns ihr auch immer brav angepasst, doch in dieser ominösen Zweitwelt geschehen Veränderungen in einem atemberaubenden Tempo. Wie soll man etwas erfassen, was sich niemals anfassen lässt? Also kann man es gar nicht wirklich begreifen. Ich bin mir übrigens nicht sicher, ob die jungen Leute wirklich verstehen, was genau sie am Computer tun. Sie haben sich sehr früh an die digitale Technik gewöhnt und hinterfragen die Strukturen nicht mehr.

Bei uns Älteren ist das anders. Unser Leben lang haben wir uns abgeplagt mit einem grässlichen Beamtendeutsch in Formularen und Erklärungen, doch wir haben diese Sprache gemeistert. Vor der Jahrtausendwende kam die verstümmelte Computersprache hinzu und seit einiger Zeit sollen wir Analphabeten werden und kryptische Zeichen bzw. Symbole als Mitteilungen erkennen. Auf die Handysprache der Jugendlichen will ich überhaupt nicht eingehen, eher übe ich noch einmal meine verschütteten Französisch- oder Russischkenntnisse, bevor ich die neue Kurzschrift der Kinder erlerne!

Heutige Computer sind doch angeblich solche Alleskönner. Warum sind sie nicht seniorenkompatibel? Warum sind sie nicht eindeutig? Natürlich deshalb nicht, weil sie von ganz jungen Leuten entwickelt und programmiert werden. Und die haben ein anderes Denken gelernt als wir, davon bin ich überzeugt.

Am meisten stört mich bei der Bedienung des Computers, dass ich selten weiß, warum ich etwas machen soll. Das muss ich aber wissen, sonst schaltet sich mein automatischer Verweigerungsmodus ein. Ich kann dagegen nichts tun, er gehört zu mir, ist mir angeboren und er hat mich mein Leben lang immer wieder Sympathien gekostet, weil ich erst wissen muss, warum ich etwas Bestimmtes tun soll.

Ich fände es schön, wenn es am Computer eine Taste gäbe, die alle Angaben auf dem Bildschirm für meine Generation verständlich macht. Man könnte die mit „Senior" beschriften, was allemal leichter zu verstehen ist, als die zwei unterschiedlich großen Tasten mit der rätselhaften Beschriftung "Strg", was mein Gehirn immer sofort in strange = sonderbar übersetzt. Okay, ich weiß ja, dass "Strg" für Steuerung steht, aber ich weiß nicht, was genau ich damit steuere und ich weiß auch nicht, warum es davon zwei verschieden große Tasten gibt.

Eine Senior-Taste würde gut oben in die F-Tasten-Reihe passen, weil F4 bis F 12 auf meiner Tastatur ohnehin überflüssig sind. Weder benutze ich sie, noch weiß ich, was sich dahinter versteckt. Die Symbole darauf sind für mich undefinierbar, abgesehen von dem einem, das aussieht wie das Hinweissymbol auf Autobahnschildern in Richtung Flughafen.

Während ich vor dem Bildschirm warte, dass mein Rechner hochfährt, fände ich es freundlich, wenn eine Art Smiley erschiene mit dem Begrüßungsspruch: "Einen Moment bitte noch. Machen Sie sich keine Sorgen, ich bin gleich für Sie da." Dann wüsste ich, dass alles in Ordnung ist und das Gerät sich nicht im Streik befindet.

Wirklich wichtig wären jedoch einige Änderungen in den Anwendungen. Es kommt, egal in welchem Programm, doch immer mal vor, dass etwas nicht funktioniert. Wenn dazu überhaupt eine Meldung erscheint, dann ist sie für Otto Normalverbraucher unverständlich. Ich hasse es, wenn zum Beispiel dort steht: "Ein Script ist eventuell beschädigt oder fehlerhaft." Was genau ist das Script? Klingt nach Geschriebenen, ist damit mein Geschreibsel gemeint? Ich werde wütend, weil ich davon ausgehen muss, dass meine Arbeit kaputt oder untergegangen ist.

Oft werde ich noch gefragt, was ich tun möchte. Die angebotenen Alternativen ergeben für mich überhaupt keinen Sinn. Debuggen, fortfahren oder abbrechen kann ich auswählen. Ich klicke versuchsweise auf debuggen, weil das noch am ehesten so klingt, als könnte ich einen Fehler rückgängig machen. Was dann auf dem Bildschirm auftaucht, ist regelrecht dreist. Es öffnet sich ein Fenster mit absolut unverständlichen unendlichen Buchstabenfolgen. Ich vermute eine Programmiersprache dahinter und sowas ist für mich total unbrauchbar.

Wenn ich "trotzdem fortfahren" klicke und das Ganze dann unlogischer Weise doch irgendwie weiterläuft, habe ich die ständige Sorge im Hinterkopf, wie stark mein Script denn nun gelitten hat. Drücke ich hingegen auf "Abbrechen", entschuldigt sich der Rechner, behauptet, das hätte nicht passieren dürfen und er würde sich bemühen, meine Daten und Fenster wieder herzustellen. Ich hoffe gemeinsam mit dem Gerät, dass diese gute Absicht gelingt.

Warum kann nicht eine unmissverständliche Meldung kommen, dass ein Fehler aufgetreten ist und eine klare Anweisung erscheinen, wie ich mich jetzt verhalten soll? Meinetwegen, dass ich den Internet-Browser schließen und danach neu öffnen soll, weil sich irgendwelche Daten verhakt haben, die neu sortiert werden müssen. Irgendetwas Sinnvolles möchte ich vorgeschlagen sehen. Dann würde ich mich zwar auch ärgern, aber ich fühlte mich nicht so hilflos und unwissend einer Apparatur ausgeliefert.

Es gibt so viele Momente, wo der Rechner sich klarer äußern könnte. Wenn ich als Programm-Anwenderin einen Fehler mache, reagiert das Programm falsch oder gar nicht. Das finde ich völlig in Ordnung und nachvollziehbar. Offensichtlich hat das Programm gemerkt, dass ich einen Fehler gemacht habe. Gut. Warum aber kann es diese Erkenntnis nicht an mich weitergeben, indem es mir auf den Bildschirm schreibt, was passiert ist, anstatt nur bockig zu sein? Für diese Programme muss es doch banal sein, zum Beispiel zu schreiben:

"Hoppla, Sie haben mir keine eindeutige Anweisung gegeben. Sie müssen noch dies .... oder jenes...... angeben, entweder ...... oder ...... anklicken, sonst weiß ich nicht, was Sie erreichen wollen."
DAS würde ich nutzerfreundlich nennen! Ich würde sofort erkennen, was ich übersehen oder vergessen bzw. wo ich falsch angeklickt habe.
Grundsätzlich können die Rechner so etwas, das weiß ich genau. Denn jedes popelige Anmeldeformular, z.b. für das Abonnieren einer interessanten Zeitschrift merkt, wenn ich mich bei der Mail-Adresse vertippt oder etwas übersehen habe, sogar ein Zusatz bei der Hausnummer wird bemängelt und eine lehrerhaft rote Schrift fragt noch einmal nach. Also kann und soll der Rechner mir andere Fehler ebenfalls melden! Das wäre doch für ihn kein Aufwand und er könnte das locker in jeder Sprache bringen, die vorher eingestellt wurde.

Störend finde ich auch diese leidigen Tastenkombinationen, die ungewollte Vorgänge lostreten. Ich würde gerne darauf verzichten, immer wieder irgendwelche unbekannten Aktivitäten auszulösen, nur weil mein kleiner Finger eigenwillig ist. Zu häufig wird mein versehentliches Tippen von zwei Buchstaben unverzüglich missverstanden als Aufforderung, ganze Wörter oder Sätze zu löschen. Das regt mich auf und ich würde mir solche Frustrationen lieber ersparen.

Und garantiert wäre es ein Leichtes für meinen Rechner, mir immer anzuzeigen, auf welcher Ebene oder in welchem Ordner und in welcher Datei ich gerade unterwegs bin. Ich habe schließlich über irgendwelche Wege die momentane Datei geöffnet und diese Wege könnten doch ganz oben angezeigt werden. Selbst Online-Shops zeichnen mir normalerweise die Wege auf, wie ich auf eine Seite gelangt bin, also z.B.: Bekleidung- Damen- Sonderangebote- Hosen - blau. Nur wenige meiner Anwendungen sind ähnlich freundlich und bringen oben am Bildschirmrand eine entsprechende Meldung wie "eigener PC - Dokumente - private Anschreiben -" und den aktuellen Dateinamen. Mit solchen Hinweisen kann ich leben, doch sie sind zu selten. Darum bin ich manchmal regelrecht aufgeschmissen, wenn ich am Rechner arbeite, zwischendurch schnell irgendetwas völlig anderes erledigen und den Computer dafür verlassen muss. Wenn ich vielleicht erst nach einer Stunde wiederkomme, kann ich absolut nicht mehr erkennen, wo genau ich mich im System befinde.

So passiert es schon mal, dass ich versehentlich ein Dokument bearbeite, das gar nicht geändert werden soll, während die gewünschte Datei irgendwo versteckt dahinter liegt. Ich will gar nicht abstreiten, dass es geheime Wege gibt, um sicher festzustellen, auf welchem Speichermedium und in welcher Datei ich mich gerade befinde, nur kenne ich diese Wege nicht. Wann werden die Programmierer mich erlösen und grundsätzlich immer oben einen Hinweis einbauen, der mir eine zweifelsfreie Orientierung erlaubt?

Überhaupt nicht seniorengerecht sind blitzartige Einblendungen, die von den Seitenrändern her auf den Bildschirm schießen und sofort wieder verschwinden. Meine Augen können nicht in Lichtgeschwindigkeit lesen. Ausgelöst werden solche Blitz-Einblendungen offensichtlich, wenn der Mauszeiger über bestimmte, mir verborgene Stellen am Rand rutscht. Ich bin ein neugieriger Mensch und möchte wissen, was mir dort in einer Nanosekunde offenbart werden sollte. Also fahre ich nun willkürlich-ungezielt mit meiner Maus in den Randbereichen herum, schaffe es aber nicht, den Effekt zu wiederholen. Liebe Programmierer: Verzichtet doch bitte auf solche Gemeinheiten, sie nerven und kosten wertvolle Zeit beim Versuch, die Erscheinung zu ergründen!

Grundsätzlich ist zu bemängeln, dass die Rechner keine altengerechte Sprache sprechen, oder besser, schreiben, sondern unsere Sprache auf neuartige, teilweise unverständliche Symbole und Kürzel reduzieren. Wer kein Englisch beherrscht, ist sofort kaltgestellt. Aber auch Menschen wie ich, die Probleme damit haben, Bilder und Symbole zu entschlüsseln, sind arm dran und verlieren jedes Gefühl von Sicherheit. Es muss doch möglich sein, weniger anstrengende, nämlich sprachlogische Abkürzungen zu verwenden.

Es sollte ein standardmäßiger Service sein, alle aktuellen Virenscanner automatisch regelmäßig ablaufen zu lassen mit einem höflichen Hinweis der folgenden Art: "Ihr System prüft nun, ob sich Fehler oder Schädlinge wie Viren eingeschlichen haben. Sie können trotzdem unbesorgt weiterarbeiten. Wenn

Sie jetzt zu Ihrer Arbeit zurückkehren möchten, klicken Sie dafür oben rechts in DIESEM Feld auf das zweitletzte Symbol. Nur, wenn das System nicht alles eigenständig reparieren kann, erhalten Sie eine weitere Meldung darüber, was zu tun ist."
Mich würde so etwas total beruhigen. Die bittere Realität sind jedoch fiese kleine Warnungen in gefährlichem Rot, die nach dem Anklicken völlig unverständliche Aktionen von mir fordern und jedenfalls nicht einfach von selbst funktionieren. Ich glaube, die Programmentwickler wollen uns damit zwingen, die teure Hilfe von IT-Spezialisten anzufordern. Sicherheit vermittelt mir solches Gebaren überhaupt nicht.
Auch die Festplatten könnten sich rechtzeitig von selber melden, wenn sie Platzprobleme bekommen oder umsortiert werden möchten. Eigentlich könnten sie sich auch freiwillig defragmentieren.

Außerdem sollten die Lüfter zum Abkühlen der diversen Computer-Innereien dezent schräg nach oben aus der Tastatur in Richtung Bildschirm blasen und nicht irgendwo nach unten auf den Tisch. Ich betrachte diese Idee als echten Verbesserungsvorschlag, denn dann würden sich nicht ständig irgendwelche Krümelchen und Staubkörner in den Ritzen der Tastatur festsetzen und mich zu komplizierten Reinigungsprozeduren zwingen. Denn jedes Mal, wenn ich mit dem Staubsauger das Tastenfeld absauge, habe ich Angst, dass ein wichtiges Tastenknöpfchen in den Staubbeutel flutschen könnte.

Und keinesfalls darf die Luft für den Lüfter auf der Gehäuse-Unterseite vom Tisch angesaugt werden, denn logischerweise sammelt sich dort Mikroschmutz. Ich war wirklich gruselig entsetzt, als mein Sohn mir zeigte, dass sich bei meinem Rechner ein ekliger pelziger Belag angesammelt hatte, dort, wo von unten die Luft angesaugt wird. Seitdem sauge ich meinen Laptop regelmäßig auch an der Unterseite ab. Bei einer klügeren Gestaltung von Lüfter und Gehäuse hätte ich mich nicht so ekeln müssen.

Manchmal kommt eine Meldung, dass der Rechner nicht reagiert. Nach meiner Erfahrung ist das immer gelogen, irgendwann reagiert er nämlich doch noch. Falls er wirklich mal abgestürzt ist, kommt nämlich gar keine Meldung mehr und ich muss mir selber etwas einfallen lassen, wie ich das Gerät wiederbelebe. In dieser Hinsicht ist der Computer dem Menschen allerdings weit überlegen: Wenn er tot ist, kann er wiederbelebt werden.

Richtig unerträglich an den Systemen und Programmen ist ihre unverschämte Art, Dinge zu tun und zu veranlassen, die wir nicht wollen und gar nicht in Auftrag gegeben haben. Besonders, wenn die Systeme ihre Fähigkeiten überschätzen und mit den beabsichtigten Vorgängen überfordert sind. Wenn mein Rechner kein Eigenleben mit überhöhter Selbsteinschätzung hätte, würden viele Fehler gar nicht erst geschehen.

Daher ist es wie russisches Roulette, auch nur die Aktualisierung eines Programmes zu erlauben. Folgendes kann nämlich passieren.

Ich habe festgestellt, dass mein Rechner entsetzlich langsam geworden ist. Als mein Sohn zu Besuch ist, nörgele ich anhaltend und immer wieder laut über diese Tatsache herum.

"Tja, leider gibt es da keinen Knopf, mit dem ich 'schneller' einstellen kann", ist Peters unsensible Antwort.
"Das weiß ich auch. Aber du könntest doch herausfinden, warum das so ist", sage ich daraufhin, "der ist ja nicht nur langsam geworden, sondern Firefox stürzt auch dauernd ab!"
Obwohl er gerade nichts zu tun hat und aus schierer Langeweile dem Hund einzelne Haare aus dem Fell zieht, zuckt Peter nur die Schultern.
"Was weiß ich, welche Programme du runtergeladen hast. Oder du hast irgendeinen blödsinnigen Energiespar-Modus eingestellt."
"Ich habe überhaupt nichts umgestellt. Und installiert habe ich schon garantiert nichts. Du weißt genau, dass ich mich überhaupt nicht traue, etwas neu zu installieren."
Peter lässt sich immer noch nicht erweichen, knurrt nur, dass es ewig lange dauern würde, den Rechner neu aufzusetzen.
"Deine Passwörter musst du dann auch alle wissen und neu eingeben", setzt er gehässig dazu.
"Du bist so widerlich und stur", schimpfe ich.

Kurz darauf bemerke ich, dass mein Laptop völlig selbständig den Bildschirm erst weiß und dann schwarz macht. Mein Text ist verschwunden und während ich erst entsetzt hinstarre und dann hektisch alle Kabelanschlüsse prüfe, erscheint wie hingezaubert das Herstellerlogo mit dem Markennamen; das Gerät will offensichtlich von alleine neustarten. Der Monitor wechselt die Farbe zu meinem beruhigenden Grün, nun kommt die Meldung "Updates werden eingerichtet. Bitte schalten Sie den Computer nicht aus."

Ich sitze, warte und hoffe. Ein Anzeigebalken kriecht quälend langsam von links nach rechts. Nachdem 30 Prozent erledigt sind, geschieht ganz lange nichts mehr. Dann wird wieder alles schwarz und kurz darauf wiederholt sich der Vorgang des automatischen Hochfahrens, außer dass die Meldung jetzt lautet "Die Einrichtung der Updates konnte nicht abgeschlossen werden, Änderungen werden rückgängig gemacht."

Na toll, hoffentlich macht er nur seine eigenen Änderungen rückgängig und nicht irgendwelche Arbeiten von mir. Ich lasse Peter teilhaben an meinen Gedanken, indem ich sie laut äußere, doch er reagiert nicht. Als das Ganze sich noch einmal wiederholt und das System es bis zu 70 Prozent schafft, bevor es wieder herunterfährt und angeblich alle Änderungen rückgängig macht, ärgere ich mich bis zur Weißglut.

Weil mein eigener Nachkomme so unverschämt unbeteiligt bleibt, rufe ich meinen Schwiegersohn an und klage mein Leid. Etwas mehr Mitgefühl könnte dieser IT-Spezialist für mich ruhig aufbringen, doch er fragt nur, welche Windows-Version ich hätte und meint dann lapidar und wenig hilfreich: "Ja, das ist bekannt. Passiert anderen auch. Das ist eben so."

Dann gibt er noch einen Tipp, welche Datei sich wo eingeschlichen haben könnte und mein System so langsam gemacht hat. Daraufhin wird mein Sohn wieder wach.
"Blödsinn, die ist es nicht, habe ich doch längst überprüft."

Erst am übernächsten Tag, als ich besonders intensiv jammere, und auch nur, weil ich anschließend einen seiner Texte prüfen soll, befasst er mit meinem Problem. Ich finde nicht, dass mein Laptop danach merklich schneller geworden ist, aber wenigstens stürzt Firefox nicht mehr ab und diese alarmrote Virenwarnung ist verschwunden.

Wie mache ich den Computer idiotensicher (Sohn)

"Das sieht jetzt ganz anders aus, was hast du gemacht?", fragt meine Mutter skeptisch, nachdem sie ihr Notebook gestartet hat.
"Du wolltest doch, dass ich den Rechner aufräume und aktualisiere", weiche ich aus.
"Aber hier stehen jetzt so viele Symbole an der Seite", beschwert sie sich.
"Ist doch viel übersichtlicher", beruhige ich sie, "du hast dich doch immer beschwert, dein Bildschirm sei zu klein. Jetzt hast du oben mehr Platz und kannst noch alle Anwendungen sehen."

Diese Beschreibung müsste ihrer Logik entsprechen. Zweifelnd probiert sie, mit der neuen Anordnung klarzukommen.
"Wo sind meine Texte? Ach so, ich hab' sie…. Sieht irgendwie anders aus", murmelt sie noch.
Kurz darauf fällt ihr doch noch etwas ein.
"Übrigens sind hier nur noch so hässliche Farben. Ich will es aber lieber grün haben. Kannst du mir das nicht wieder grün machen?"
"Dafür brauchst du bloß einen anderen Hintergrund auszuwählen."
"Wie denn, wo ist das? Ich kann das nicht."
Es geht also schon wieder los, sie will mich quälen.

Den versierten Leser wird es vielleicht überraschen, dass ich meine in IT-Technologie völlig unbedarfte Mutter vor ein Linux-Betriebssystem setzte. Ja, das habe ich getan und das war einer der besten Schritte, die ich gemacht habe. Ich kann das nur weiterempfehlen.

Zunächst für alle, die sich jetzt fragen "Was ist denn Linux?": Auch wenn es noch den einen oder anderen überrascht, so gibt es doch außer Windows noch andere Betriebssysteme, um einen Computer zum Leben und Arbeiten zu wecken. Im Wesentlichen kann man als Nutzer zwischen Linux als freier Software, Windows von Microsoft und Mac OS von Apple wählen. Dabei gilt generell: Linux eignet sich für die Cracks und Experten, Windows für den durchschnittlichen Anwender und Mac-Os, -naja, sagen wir mal- für den prestigesüchtigen unterdurchschnittlichen Rest. Wirklich, ich halte Apple-Kunden für eine spezielle Käuferschicht mit der Sehnsucht, etwas Besonderes darzustellen.

Da Windows den Markt absolut dominiert, gibt es für dieses Betriebssystem die weitaus meisten passenden Softwares und Treiber. Das bedeutet, Sie können in den Laden gehen und jeden x-beliebigen Drucker oder jedes Computerspiel kaufen und davon ausgehen, dass Ihr Produkt sofort laufen wird. Bei Mac-Os von Apple ist das Bild schon anders. Hiermit ist deutlich weniger möglich, das System ist weniger kompatibel und fordert zumeist eigens abgestimmte Software. Insbesondere die Hardware ist erheblich teurer.

Nach meiner Erfahrung geht es den Apple-Nutzern mehr um das Image und Ego als um technischen Sachverstand und ökonomische Vernunft. Aber Vorsicht: die Applejünger sind eine eingeschworene Glaubensgemeinschaft und auf Rang zwei der nicht religiösen Fanatiker, gleich nach den Vegetariern! :-D

Bei Linux empfehlen sich die Oberflächen Ubuntu oder Kubuntu für den privaten Anwender. Diese frei zugängliche Software unterscheidet sich grundlegend von den beiden oben genannten kommerziellen Systemen. Das Linux-Betriebssystem ist nämlich eine Art gemeinnütziges Projekt und die Nutzung aller Funktionen ist für jedermann völlig kostenlos.
Für dieses Projekt und seine ständige Weiterentwicklung arbeiten verschiedenste Menschen aus den unterschiedlichsten Ländern gemeinsam an einem Betriebssystem nicht mit dem Ziel, Gewinn zu erwirtschaften, sondern um allen Menschen einen Zugang zur digitalen Welt zu ermöglichen. Denn das Internet ist mehr als ein Verkaufskanal von Informationen und Waren. Es ist auch eine große Gemeinschaft von Menschen, die sich konkret bemühen, die Welt etwas gerechter und besser zu machen. (Dazu gehören auch Wikipedia und Wikileaks....)

Und die Ergebnisse von Linux können sich sehen lassen. Ubuntu beispielsweise hat eine stetig wachsende Zahl an Nutzern. Aus technischer Sicht ist Ubuntu in Effizienz führend bei seiner Programmierung, verwendet Ressourcen (Rechenleistung) sparsamer und vor allem ist es sicherer.

Viren, die speziell für Ubuntu ausgelegt sind, gibt es noch so gut wie gar nicht.
Also müsste dieses System im Grunde hervorragend für meine Mutter geeignet sein, die es schon mal geschafft hat, mit mehreren Viren ihr Windows-System zu zerschießen. Beim Linux System kann eigentlich nichts schief gehen, es aktualisiert sich laufend selber und Mutters kleines Notebook ist ohnehin nicht besonders leistungsstark.
Weil ich den Eindruck habe, dass meine Mutter mit jedem Hochfahren des Computers ohnehin jedes Mal Windows aufs Neue entdeckt, gehe ich davon aus, dass sie dann genauso gut auch mal Ubuntu entdecken kann. Nennenswerte Lernfortschritte, die es zu verlieren gibt, sind bei ihr doch eh nicht vorhanden.

Die wesentlichen Funktionen, die meine Mutter nutzt, beschränken sich auf E-Mails, Surfen nach Informationen und natürlich Textverarbeitung. Die Schwäche von Ubuntu, dass nämlich das Angebot an kompatiblen Programmen, insbesondere an Spielen, sehr eingeschränkt ist, stellt für ihre Art der Nutzung kein Problem dar. Gut, etwas Sorgen mache ich mir schon, ob alle Treiber für ihr Netbook vorhanden sind, aber es zeigt sich, dass es hier keinen Grund zur Beunruhigung gibt.
Im Gegenteil, die Umstellung erweist sich als sehr vorteilhaft. Ich habe erfreulich viel Ruhe vor Hilferufen meiner Mutter bis zu dem Moment, als ein Segment der Festplatte den Geist aufgibt. Ich muss ihr als vorgezogenes Weihnachtsgeschenk einen neuen Laptop kaufen. Neues Gerät, neuer Stress. :-(

Bin ich hier etwa das Versuchskaninchen? (Mutter)

Anfangs finde ich es gemein, dass ausgerechnet ich alte Frau mich mit einem anspruchsvollen Profi-System, nämlich dem Linux-Betriebssystem, auseinandersetzen soll. Die Versicherung meines Sohnes, dass Linux viel sicherer, sozialer, kostensparend und ansonsten genau so bequem sei wie das gewohnte Windows, lässt mich das neue Betriebssystem akzeptieren. Dies gibt mir nicht nur die Gelegenheit, mal etwas Neues kennen zu lernen, sondern auch, mich bei meinem Sohn zu beschweren, sobald mal irgendetwas nicht klappt. Es ist nämlich Peter, der von Linux so begeistert ist. Ich hätte fröhlich mit dem alten System weiterleben können. Auch bin ich felsenfest überzeugt davon, dass er mich und meinen Rechner als Versuchskaninchen benutzt, denn wundersamer Weise merke ich irgendwann, dass er selber mit Windows weiterarbeitet. Er behauptet, er sei aus beruflichen Gründen dazu gezwungen, weil er sonst nicht zuhause arbeiten könne. Ich will ihm mal glauben.

Bereits der Desktop unter Linux sieht total anders aus und die Bezeichnungen für Funktionen sind oft ein wenig anders formuliert. Eigentlich logischer und einfacher zu verstehen, dennoch muss ich mich umstellen. Dass die Programme am Seitenrand sitzen, kann ich solange akzeptieren, bis ihre Bildchen nach einem Update ein Eigenleben entwickeln und selbständig verschwinden. Sie erscheinen nur noch, wenn ich blind mit der Maus auf dem linken Seitenrand herumfahre. Ich kann nicht glauben, dass dies so beabsichtigt ist.

Logischerweise schiebe ich nun jede auftauchende Schwierigkeit auf das neue System und Peter ist ungewohnt bereitwillig, sich mit meinen Problemen und dem System zu beschäftigen. Meine Linux-Anwendung heißt Ubuntu, und ich soll immer alle Updates zulassen, hat Peter gesagt. Segensreich ist, dass ich nun immer einen völlig werbungsfreien Bildschirm habe. Das genieße ich. Merke aber bald, dass kaum irgendwelche Spielchen für meine Entspannung zur Verfügung stehen, ich nehme an, dass Linux-Profis sich über solchen Kinderkram erhaben fühlen.
Glücklicherweise kommt mein Enkelsohn zu Besuch und zeigt mir, wie ich online im Internet spielen kann. Ich bin beeindruckt von der Riesenauswahl an Spielen, stelle aber fest, dass unter Linux längst nicht alle dieser aufregend bunten Unterhaltungsprogramme funktionieren. Für meine bescheidenen Ansprüche müssen also jene Spiele reichen, die für meinen Laptop mit Linux verfügbar sind.
Irgendwann lasse ich mich von Facebookfreunden zusätzlich dazu verführen, einige der dort integrierten Spiele auszuprobieren. Seitdem ist trotz Linux für meine Unterhaltung ausreichend gesorgt.

Doch gibt es immer wieder Situationen bzw. Anwendungen, die erstmal unter Linux gar nicht funktionieren. Es kommen Meldungen, dass irgendwelche notwendigen Pop-Ups, Add-ons und weitere Sonderlinge, deren Namen ich vergessen habe, von meinem System nicht zugelassen würden. Ich habe es aufgegeben, mir die angebotenen "weiteren Informationen" anzeigen zu lassen. Sie helfen mir nicht weiter. Gerade dann, wenn eine Anwendung ernsthaft wichtig ist, können mich solche Einschränkungen zur Verzweiflung bringen.

Richtig übel wird es, als plötzlich die Software für meine Steuererklärung nicht mehr läuft. Jahrelang hat sie wunderbar funktioniert, allerdings unter Windows.
Soeben habe ich alle Unterlagen für meine Steuererklärung um mich herum aufgestapelt und will nun voller Elan die erforderlichen Angaben in das bewährte Programm eingeben. Es geht nicht, ich kann das Programm nicht öffnen!
Natürlich vermute ich zuerst, dass ich meine Passwörter durcheinander gebracht habe und versuche diesbezüglich alle Möglichkeiten auszuloten. Irgendwann merke ich, dass die diversen Meldungen, mein System verhindere dieses oder jenes, ernst zu nehmen sind. Peter ist im Ausland und nicht erreichbar, ich verfluche seine Idee, mir ein Linux-Betriebssystem gegeben zu haben.
Ich rufe den technischen Support des Software-Herstellers an. Der Typ dort ist erstaunlich strapazierfähig in Sachen Geduld, aber als Lehrer völlig ungeeignet, er begreift meine Fragen nicht und mir bleiben seine Antworten unverständlich. Alles, was ich seinen Erklärungen entnehmen kann, ist, dass meine Software nicht kompatibel ist für Linux.
"Ja, aber ich bezahle doch jedes Jahr dafür. Gibt es denn keine Version, die das kann?" will ich wissen.

Es gibt eine ganz neue, die wahrscheinlich funktionieren könnte, erfahre ich.
"Und wie kann ich die jetzt hier installieren?", frage ich.
Mein Supportmann fragt sich bei Kollegen durch und es beginnt eine grässliche Prozedur, bevor ich meine Steuererklärung bearbeiten kann. Das Ganze dauert endlos lange und ich würde es niemals freiwillig wiederholen.

Inzwischen sind einige Jahre vergangen und ich glaube, dass Linux heute nicht mehr solche Schwierigkeiten machen würde. Ich vermute das deshalb, weil mein Sohn mir auf dem neuen Laptop wieder Windows installiert hat. Das hielt er für notwendig, damit unsere Rechner problemloser kooperieren und kommunizieren können. Sagt er, aber ich habe den Verdacht eines latenten Sadismus' bei ihm. Warum sonst muss er mich immer aufs Neue quälen mit immer anderen Bedienungsweisen? Ich hatte mich gerade so schön an Linux gewöhnt, es jedoch weiterhin benutzen zu dürfen, wäre ja keine Herausforderung.

Facebook (Sohn)

Meine Mutter ist nun bei Facebook angekommen. Schon vor geraumer Zeit hatte sie sich dort angemeldet und ich zeigte ihr die wesentlichen Funktionen in der Hoffnung, sie würde über diesen Weg Kontakte pflegen oder sich in die gesellschaftlich-politischen Diskussionen im Netz einbringen. Dieser Plan ging leider erst einmal nicht auf und der Account meiner Mutter war lange verwaist.

Dann verrät mir aber eine Masse unerwünschter Mails, dass meine Mutter Facebook doch noch für sich entdeckt hat. Ich bekomme nämlich Dutzende Einladungen von meiner Mutter, bei irgendwelchen Facebook-Spielen mit zu machen. Soviel zur politischen und gesellschaftlichen Teilhabe...
Genervt davon, solche Spams zu bekommen, rufe ich meine Mutter an, um diese Flut abzubestellen.

"Ich habe dir keine Einladungen geschickt", ist ihre Antwort.
"Das kann wohl sein, das Problem ist nur, wenn man diese Spiele spielt, stimmt man einer Nutzungsvereinbarung zu. Und damit erlaubst du den Programmen, weitere Personen aus der Liste deiner Freunde zu kontaktieren und sie im Namen des Spielers anzuschreiben. Also in deinem Namen", erkläre ich.
"Hat dann etwa auch meine Schwester solche Einladungen erhalten?" kommt entsetzt von meiner Mutter. Mein Problem mit ihren Facebook-Einladungen ist ihr offenbar nicht wichtig genug.

"Ja, wahrscheinlich", bejahe ich daher schadenfreudig, "und alle anderen auch!" Zur Sicherheit zähle ich noch die restliche Verwandtschaft auf, die bei Facebook ist. >;->
"Mein Gott, wie peinlich!", sie schüttelt sich förmlich.
"Das steht alles in den Nutzungsvereinbarungen - aber wer liest die schon..."

Es gilt das simple Prinzip: Ist die Ware umsonst, ist man selber die Ware. So funktioniert der Deal eben. Diese Spiele werden nicht von Facebook selber hergestellt, sondern von Dritten, die sie kostenlos unter Facebook zur Verfügung stellen. Im Gegenzug bekommen sie Zugang zu den Daten der jeweiligen Spieler. Darüber hinaus verdienen sie Geld mit ihren Spielen, weil sie gegen Bezahlung diverse ‚Hilfen' anbieten, damit besonders komplizierte Levels geschafft werden können.

Andererseits hat meine Mutter es zu meiner totalen Verblüffung geschafft, sich bei Twitter einzubringen und einige wenige Follower zu erzeugen. Völlig ohne meine Hilfe. Sie muss sich wohl sehr gelangweilt haben. Leider ist das Interesse wieder schnell verflogen, die Facebook Spiele haben alles andere verdrängt. :-(

Facebook (Mutter)

Es fällt mir schwer, meinen Computer als liebenswürdigen Gefährten zu betrachten, mit dem ich zusammen Spaß haben kann. Das liegt schlicht darin begründet, dass ich diese Geräte seit ihrem Aufkommen immer nur für die Arbeit benutzt habe und mir ihre Anwendungen mühsam erringen musste. Verinnerlicht habe ich also: der Rechner ist ein Arbeitsgerät. Natürlich ist mir bekannt, dass man damit auch spielen kann und private E-Mails erleichtern den Alltag ebenfalls erheblich.

Seit geraumer Zeit wollen mich immer mehr Leute aus meiner Bekanntschaft davon überzeugen, auch meine Sozialkontakte über das Internet zu pflegen. Dafür gibt es diverse Plattformen und meine Freundin Sylvia lockt mich auf eine davon. Dort gibt es eine verwirrende Vielfalt an Möglichkeiten, sein Privatleben auszubreiten. Ich stelle bald fest, dass die Teilnehmer dieser Internet-Gemeinschaft es hauptsächlich darauf abgesehen haben, Postkartensprüche auszutauschen, ihre Urlaubsfotos öffentlich zu machen und insbesondere, sich Kurzzeitpartner auszusuchen. Ich verlasse diese Community sehr schnell wieder.

Kein Wunder, dass ich trotz langen Widerstandes doch irgendwann bei Facebook lande und damit ungewollt mitteilsam und öffentlich sichtbar werde. Trotz meiner ersten enttäuschenden Erfahrung mit einer Internet-Community kann ich mich dem Trend nicht dauerhaft entziehen.

Nun bin auch ich ein Nanoteilchen auf der vermutlich größten sozialen Plattform Facebook, obwohl ich weiß, dass ich dort ausspioniert werde. Mir ist bewusst, zu welch phantastischen Persönlichkeitsprofilen alle meine Aktivitäten dort zusammengebastelt werden. Jedes spontane ‚gefällt mir' und jeder Kommentar macht mich berechenbar. Jeder eigene Post, jede ‚Freundschaft' und jeder von mir verfolgte Link verrät nicht nur meinen Bekannten, wie ich denke. Es ist gigantisch, welche Möglichkeiten sich aus unseren Profilen für Wirtschaft und Politik ergeben.

Leider verhalte ich mich wie die allermeisten Menschen angesichts drohender Gefahren und hoffe: Mich wird es schon nicht treffen! Jedenfalls nicht heute oder morgen....

Trotz all dem: Es ist so komfortabel, sich bei Facebook ohne großen Aufwand mitzuteilen, an politischen Diskussionen teilzunehmen, Hintergrundinformationen gleich mit zu liefern, um nicht lange Aufsätze schreiben zu müssen und immer aktuell informiert zu bleiben aus den Quellen, die man abonniert hat. Ich kann mit Freunden auf der ganzen Welt herumalbern oder ihnen witzige Bilder schicken, auch Schreibfaule und Legastheniker können sich hier ganz einfach äußern. Im Gegenzug muss ich hinnehmen, wenn ein Verwandter in den USA mir mitteilt und zeigt, wie sein Mittagessen aussieht oder wo er sich gerade aufhält. Ich erfahre, wie anderen der Kaffee schmeckt, welche Musik sie hören, welche Filmchen sie sehen und wofür sie ihr Geld ausgeben.

Wenn die Beiträge nicht allzu schrecklich sind, muss ich "gefällt mir" anklicken, also großzügig "likes" verteilen, um höfliche Freundlichkeit zu signalisieren. Diese Art der Kenntnisnahme ist mein Preis dafür, losen Kontakt halten und informiert bleiben zu können. 99 Prozent dieser Informationen sind zwar mehr als überflüssig, aber sie vermitteln die Illusion, dass ich an der Welt draußen irgendwie beteiligt sei - selbst als Rentnerin im untersten Einkommenssegment.

Es gibt jedoch auch Facebooknutzer, die mich offensichtlich für wohlhabend und dumm halten, denn Sie möchten sich auf Facebook mit mir befreunden. Das sind stets junge Männer, die ausschließlich das Foto eines attraktiven Mannes auf ihrer Seite zeigen und sonst absolut keine Informationen. Ohne nachvollziehbare Gemeinsamkeiten akzeptiere ich natürlich keine 'Freunde' und lehne solche Anfragen ab. Zwar würde es mich reizen, herauszufinden, was diese Leute sich von mir versprechen und ich würde sie ganz gern aufs Glatteis führen, doch ich bin ein vorsichtiger Mensch und unterdrücke meine Neugierde lieber.

Ein weiterer hoher Preis, den ich zahle, ist meine Zeit. Ruckzuck sind zwei bis drei Stunden verbraucht. Und wer sich - wie ich- noch zu diesen Spielchen verleiten lässt, die bei Facebook integriert sind, der sitzt garantiert nach Mitternacht noch vor dem Bildschirm. Erst einmal verbrauche ich meine Leben in zwei bis drei Juwelenspielen, spätestens morgen werde ich dort wieder lebendig sein. Zwischendrin muss ich neugierig die sich ständig erneuernden Meldungen auf meiner Startseite lesen, meinen Scrabble-Partner auszustechen versuchen, Beiträge von anderen gut finden und möglichst intelligent oder originell kommentieren, ein wenig Wortjagd (Spiel) auf Englisch betreiben, diversen 'Freunden' Leben, Extrazüge oder sonstige Hilfe für deren Spielsucht schicken, neue Beiträge kontrollieren und mich auf andere Webseiten locken lassen, wenn die interessant klingen, danach muss ich mir wieder einen trickreichen Scrabblezug überlegen und abschließend noch schnell ein paar Gummibärchen in meinem Spiel befreien.

Facebook hat längst meinen Biorhythmus zerstört.

Zweiter Anlauf Tablets mit intuitiver Steuerung (Sohn)

Mit dem Aufkommen der ersten preisgünstigen Tablets wurden neue Bedienoberflächen entwickelt, denen man deutlich anmerkte, dass den Entwicklern die Einfachheit der Bedienung am Herzen lag. Anstatt weiterhin linke und rechte Maustasten und verschiedene Tastenkürzel vorzusehen, beschränkten sich die Entwickler auf lediglich eine 'Zurück-Taste' und einen Homebutton, der den Nutzer immer wieder und zuverlässig auf die Startseite führt. Anstatt wilder Verzeichnisse gibt es nur eine Liste der Programme bzw. Apps, die man installiert hat und die man sich auf einem oder mehreren Startbildschirmen beliebig anordnen kann.

Auf Ordnerstrukturen kann gänzlich verzichtet werden. Stattdessen sind standardisierte Schaltflächen vorhanden, die im Grunde immer gleich oder zumindest ähnlich aussehen. Es bedarf keines Zwischenspeicherns mehr für das Verschieben von Dateien von einer App zur anderen. Eine Weiterleitung geschieht ganz simpel über die sogenannte 'Teilen-Taste' (bei manchen Apps auch anders genannt, aber immer unmissverständlich zu identifizieren). Das Tolle daran: Wenn man etwas geöffnet hat, zum Beispiel ein Foto, das man soeben aufgenommen hat, werden nach dem Betätigen der 'Teilen-Taste' nur diejenigen Apps angeboten, die auch wirklich etwas mit dem Bild anfangen können. So zum Beispiel das eigene E-Mail Programm, das sofort das Bild zum

Versenden per Mail vorbereitet. Alles ganz ohne Orderstruktur.

Also noch mal zusammengefasst: Das Tablet hat keine versteckten Funktionsfenster, keine (zu bedienende) Orderstruktur, alles ist ganz einfach unter den Apps verschiebbar, überflüssige Funktionen sind entfernt, die Bedienfelder sind intuitiv angeordnet und daher kann das Ganze ohne Intelligenzleistung oder Nachdenken bedient werden. Bequemer kann es doch nicht gehen. Also rundherum ein perfektes System für meine Mutter, dachte ich. Ganz besonders, da sie bevorzugt am Wohnzimmertisch vor dem Fernseher den Laptop verwendet. Ein Tablet könnte sie ebenfalls perfekt auf dem Sofa nutzen, ohne unergonomisch vorgebeugt zu arbeiten. :-B

Die schlichte Bedienung sollte es ihr ermöglichen, auch jene Operationen locker auszuführen, die sie für kompliziert hält. Zum Beispiel ein Foto zu machen und dieses gleich per Mail zu versenden, den Erleichterungen der 'Teilen-Taste' sei Dank. Gerade diese 'Teilen-Taste müsste ihr doch alle Funktionen ungemein vereinfachen und neue Nutzungen eröffnen.
Weil sie ihren Rechner vorwiegend dafür verwendet, um E-Mails zu checken oder im Internet zu surfen, müsste dieses Gerät genau zu ihren Bedürfnissen passen. Und wer weiß, vielleicht kann ich sie auch für E-Books begeistern oder dazu animieren, sich in gesellschaftliche Diskussionen und Debatten im Netz einzuklinken. Es ist ja nicht so, dass ich mich nicht ernsthaft bemühen würde, meiner Mutter die digitale Welt

verfügbar zu machen. Daher schenke ich ihr ein solches Tablet zum Geburtstag.

Naja, der Erfolg ist mäßig bis gering... Im Grunde scheitert es schon beim allerersten Start. Noch bevor sie das Gerät ausgepackt hat, gibt sie es mir gleich zurück.
"Oh, schön! Danke. Aber bitte richte mir das Ding doch auch ein. Das kann ich selbst nicht."
Ich versuche, sie zu beruhigen: "Da ist nichts 'einzurichten', das Tablet ist schon vorkonfiguriert."
Sie reagiert misstrauisch: "Da ist garantiert irgendetwas anzugeben, was ich nicht weiß!"

Sie weigert sich penetrant, das Gerät auszuprobieren, aber auch ich bleibe stur. Hier hat sie nun die Chance, sich von Anfang an langsam die Bedienung anzueignen. Wenn ich ihr das jetzt abnehme, führt das nur zu demselben Desaster wie beim Computer. Und ich habe keine Lust, nun auch noch beim Tablet den Erklärbären zu spielen.
"Du brauchst einfach nur das Gerät starten und den Erklärungen folgen. Es wird alles langsam und für sehr einfache Menschen verständlich erklärt. Du musst wirklich nur lesen, was da steht", versuche ich sie zu überzeugen.
Aber meine Mutter ist schon voll in ihrem spezifischen Verweigerungsmodus und will mir beweisen, dass ich für jegliche digitale Herausforderung unentbehrlich sei. Ohne mich will sie es einfach nicht können. Also habe ich im Grunde schon wieder von Vornherein verloren. :-C

Und es beginnt gleich mit der ersten Einstellung, die das Gerät erfragt. Sie wird aufgefordert, sich mit dem eigenen Google-Konto anzumelden oder, falls sie noch keines hat, sich eines einzurichten.
"Das kann ich nicht, ich weiß gar nicht, was der von mir will", triumphiert meine Mutter sogleich.
Was gibt es denn daran nicht zu verstehen, entweder man hat ein Konto und bestätigt dann durch Antippen das entsprechende Feld oder man hat keins und drückt auf das andere Feld. Ich hole ein bisschen aus:
"Auf dem Tablet läuft ein Betriebssystem namens Android. Dieses wird von Google bereitgestellt und um es nutzen zu können, braucht man ein Google-Benutzerkonto, damit man sich überhaupt mit seinem Gerät anmelden kann. Man bekommt damit automatisch eine E-Mailadresse bei Google."
"Das will ich aber nicht."
"Warum denn nicht?"
"Ich will keine neue E-Mailadresse. Ich habe schon genug."
"Du behältst deine alten doch und brauchst die neue nicht zu benutzen."

Äußerst widerwillig akzeptiert sie die Notwendigkeit der Google-Mailadresse. Und äußerst mühsam quäle ich mich mit Ihr durch die Einrichtung des neuen Google-Kontos und anschließend noch durch die Angabe des W-Lan-Passwortes, indem ich ihr jeden einzelnen Klick und auch jeden Buchstaben einzeln diktiere. Unterbrochen werde ich dabei von den ständigen Versuchen meiner Mutter, mir das Gerät in die Hand zu drücken, damit es schneller geht. Aber ich zwinge sie, diese Eingaben 'selbst' zu erledigen.

Okay, wer selber ein Tablet hat, weiß, dass es nur darum geht, eine Google-Mail Adresse und ein Passwort anzugeben und noch das W-Lan Passwort einzutippen, ein Vorgang von normalerweise maximal zwei Minuten. Bei meiner Mutter dauert es ein Vielfaches der Zeit, gefühlt zwei Stunden. Mit deutlichem Nachdruck von meiner Seite und bei deutlichem Desinteresse ihrerseits versuche ich ihr noch einzuschärfen, wie man Apps installiert, und insbesondere, worauf man dabei unbedingt achten muss. Die Installation einer App ist nun wirklich denkbar einfach: man muss nur einmal auf "installieren" drücken und dann nur noch ein zweites Mal die angeforderten Berechtigungen der App bestätigen und das war's.

Leider kann dieser zweite Schritt, das Bestätigen der Berechtigungen, etwas problematisch werden. Hierbei darf man wirklich nicht leichtsinnig sein. Wenn auch sonst alles sehr simpel funktioniert, an diesem Punkt sollte man als Nutzer einfach mal nachdenken: Eine App wie die von Facebook benötigt weitreichende Zugriffe auch auf die Kamera und Dateien auf dem Gerät (um zum Beispiel Bilder zu posten) und auf gespeicherte Konten, um sich anmelden zu können, oder die Berechtigung, Meldungen anzuzeigen, wenn eine Nachricht geschickt wurde. Die offizielle App von Facebook wird immerhin von einer seriösen Firma vertrieben. (Zumindest im rechtlichen Sinne seriös...)

Aber ein Geschicklichkeitsspiel namens ‚Diamanten-DingDong' vom Entwickler ‚HuFu' benötigt definitiv keine Berechtigungen für das gesamte Gerät, um alle gespeicherten Benutzerkonten auszulesen, die Kamera, das Mikrophon und die GPS-Funktion benutzen zu dürfen. Seriös gibt es keinen Grund der Welt, warum solche Spiele darauf zugreifen müssten. Es gibt nur einen einzigen Grund, wofür ein Spiel diese Berechtigungen haben will: um uns auszuspionieren, unsere Daten zu klauen und im harmlosesten Fall das gesamte Gerät mit Werbung voll zu müllen. Unter keinen, keinen! Umständen sollte man so etwas erlauben, auch wenn das Spiel noch so toll ist.

Nach meinen intensiven Ermahnungen habe ich schließlich die Schnauze voll, kapitulierte, schnappe mir das Gerät und richte schnell verschiedenste Apps ein, von denen ich glaube, dass die für meine Mutter interessant sein könnten. So installiere ich ihr eine breite Auswahl an Informations- und Nachrichten-Apps wie Spiegel Online, aber auch die Mediatheken vom Ersten und ZDF. Natürlich auch den Zugang zu Ihren E-Mails und ganz optimistisch auch die Google-Drive App mit der dazugehörigen Schreib-App. Sogar die Shopping-App von Amazon mache ich verfügbar und insbesondere auch Google Books als extra großes Widget, damit sie E-Books lesen kann. Weil sie gerne verreist, setze ich noch die App der Deutschen Bahn hinzu und als Kommunikationsmöglichkeit Skype sowie Facebook. Zum guten Schluss gönne ich ihr noch ein, zwei Geschicklichkeitsspiele.

Von all den angebotenen Funktionen und Kommunikationswegen nutzt sie natürlich nichts und ignoriert das Gerät, bis sie die Spiele findet...
Diese spielt sie mit einer so großen Leidenschaft, dass sie sogar in der Lage ist, ein neues Gerät -wegen Austausch nach einer Reklamation- selbständig in Betrieb zu nehmen und Dutzende Spiele darauf zu installieren.
Leider ignoriert meine Mutter dabei meinen früheren Rat, die Berechtigungen zu kontrollieren, was zur Folge hat, dass eins ihrer Spiele den gesamten Desktop mit Links zu Werbeseiten befüllt und ständig Werbebotschaften in der Statusleiste meldet. :-(

Immerhin beweist dies, dass sie grundsätzlich in der Lage ist, das Gerät ohne Hilfe zu bedienen. Und wenn man die Geschwindigkeit beachtet, mit der sie ihr neues Tablet mit Spielen flutet, scheint die Bedienung für sie tatsächlich viel einfacher zu sein als die eines echten Computers.
Was ich jetzt nicht kapiere, ist, warum es ihr trotz ihrer Erfolge beim Installieren von Spielen neulich angeblich unmöglich war, selbständig den Chrome Browser auf dem Tablet zu installieren?

Letztlich ist aus dem Tablet meiner Mutter nicht viel mehr als ein überteuerter Gameboy geworden. :-(

Tablets und Touchscreens (Mutter)

Die digitale Technik fordert blinden Glauben und Gehorsam, Fähigkeiten also, die mir ziemlich abgehen. Daher wird mein Leben zunehmend elender, seit es diese angeblich intuitiven Bedienungen und Touchscreens gibt. Ich habe übrigens immer noch kein Smartphone, mir reicht zum Telefonieren mein uraltes Handy.

Peter behauptet, inzwischen seien die Anwendungen so simpel, dass jeder Idiot damit umgehen könne.
„Willst du damit sagen, dass ich noch blöder bin? Das geht mir wirklich zu weit!", schimpfe ich.
„Ich verstehe einfach nicht, was du damit noch falsch machen kannst."
Er deutet auf das Tablet, das er mir kürzlich geschenkt und dabei stolz die Vergrößerung von winzigen Schriften demonstriert hat. Was durchaus einen Reiz für mich hat.
Doch ich traue diesem Tablet nicht und nutze es fast nur für harmloseste Spiele, bei denen man bunte Steine oder Obst sortieren muss. Das geht damit prima. Mein Gefühl sagt mir, dass ein Tablet irgendwie öffentlicher und leichter auszuspionieren ist als mein Laptop. Ich finde die Ankündigungen und dauernden Fragen meines Tablets unheimlich. Vielleicht sind solche Gefühle unbegründet, aber ich habe sie eben, basta.

Auch fehlt zum Schreiben und Surfen erst einmal jede Tastatur auf dem Tablet. Und was, bitte, ist daran logisch, dass man zunächst sinn-entleert den Finger auf das Gerät stupsen muss, bevor die eingebaute digitale Tastatur erscheint? Und diese Tastatur ist dann erbärmlich reduziert, falsch angeordnet und es fehlt darauf die Hälfte. Zahlen und auch sämtliche Umlaute sind erst einmal gar nicht vorhanden. Ich will zum Beispiel auf dem Tablet einen Stadtplan von München ansehen. Bis zum Eingabefeld komme ich. Dann muss ich erst ins Leere stupsen, damit die Tastatur erscheint. Ich tippe „Stadtplan" und „M", doch dann geht es los, ich finde kein ü. Nirgends. Wenn ich frustriert das u länger drücke, erscheinen weiter oben diverse Varianten, darunter auch ein ü, aber sobald ich den Finger hebe, um das ü anzutippen, verflüchtigt sich alles blitzschnell, ich kriege das ü einfach nicht zu fassen. Ich fluche vor mich hin, mein Sohn schaut mir über die Schulter.

„Was ist dein Problem?"

„Ich kriege das verdammte ü nicht!"

„Das glaube ich jetzt nicht", sagt er fassungslos und langt auf meinen Bildschirm. Mein ü ist plötzlich da.

„Wie hast du das gemacht? Bei mir geht das nicht", will ich wissen.

„Nein, das ist mir wirklich zu blöd, mach's doch selber. Den Finger wirst du ja noch schieben können."

Er klingt gereizt, aber in mir schießt eine regelrechte Wut hoch auf meine eigene Unfähigkeit und noch viel mehr auf Peters Frechheit, mich hilflos sitzen zu lassen. Ich explodiere. Er schweigt. Es geht nicht in seinen Kopf, dass ich mich ungeheuer überwinden muss, um unwissend und ziellos einen Bildschirm zu streicheln und zu stupsen.

Es folgt das übliche Hin und Her.
"Soll ich denn jedes Mal 300 km hierher fahren, wenn du dir einbildest, etwas nicht hinzukriegen?"
"Jetzt bist du aber da. Du könntest mir das vernünftig erklären, wenn du nicht so stur wärest."
"Sonst kannst du es doch auch allein, wenn ich nicht zu Besuch bin."
"Dann muss ich aber unnötig Zeit verschwenden. Und für dich ist das hier einfach, das kostet dich keine zwei Sekunden."
"Du musst aber lernen, allein klarzukommen. Und du merkst dir ja doch nicht, was ich dir erkläre", setzt Peter ärgerlich hinzu. Ich bin beleidigt.

Nach längerer Schweigepause referiert mein Herr Sohn über intuitive Menüführung und Bedienfunktionen. Die kleinen Kinder seines Freundes würden schon die Bilder auf Smartphones vergrößern können. Insgeheim ergänze ich also die Liste meiner Defizite um mangelnde bzw. falsche Intuition. Offensichtlich sind meine Intuitionen komplett anders als die der Geräteentwickler oder sie werden von Bildschirmen blockiert.
Im Gegenzug schildere ich meinem geliebten Kind unsere ersten Computer-Erfahrungen damals mit dem uralten Dos-Betriebssystem, wo man dem PC Schritt für Schritt die Befehle gab und dieser darauf reagiert hat. Mein Sohn täuscht Interesse vor an meinen historischen Abschweifungen, er hat diese Fakten vermutlich schon vor langer Zeit in der Schule gelernt. Jedenfalls hat der PC damals auf unsere Befehle reagiert, falls diese fehlerfrei eingegeben wurden, während

ich heute stur auf den Rechner reagieren soll und sogar von dem Ding kontrolliert werde. Dazu sage ich nur: Internet!

Wenn etwas auf meinem Tablet nicht funktioniert, steht für Peter von vornherein fest, dass ich etwas falsch gemacht haben muss und seine monotonen Aufforderungen, es noch einmal zu probieren, bringen mich auf die Palme.
"Das Biest fährt ja noch nicht einmal hoch, wenn ich es anmache. Da kringeln sich nur endlos diese runden Zeichen!"
"Dann warte, bis die Hauptseite kommt."
"Die kommt eben nicht, kapier das doch! Der stürzt einfach immer ab."
"Kann gar nicht sein, das Tablet macht alles von selber", knurrt er und nimmt das Gerät. Schaltet es ab und wieder ein, schaut grimmig auf die glatte Oberfläche.
"Hast du was Spitzes? Etwas, das hier reinpasst?"
Er zeigt mir ein winziges Loch im Rand des Tablets. Ich gebe ihm einen Zahnstocher, er will vermutlich einen technischen Eingriff vornehmen für ein Reset. Peter sticht in das Loch, schaut auf den Desktop, stochert wieder, wird unruhig.
"Chinesisch lesen kann ich nicht. Was hast du denn da eingestellt?", beschwert er sich dann.

Das ist mal wieder typisch, jetzt soll ich schuld daran sein, dass chinesische Schriftzeichen erscheinen. Nach einigem Herumprobieren reicht er mir das Gerät zurück, die Menüseite ist wieder da. Lange hält seine Reparatur nicht vor, nach einigen weiteren Abstürzen muss auch mein Sohn einsehen, dass nicht ich die Schuldige bin, sondern dass das Tablet eine

Fehlproduktion ist. Zum Glück läuft die Gewährleistung noch, ich reklamiere und bekomme Wochen später ein neues Gerät vom Händler.

Fernsehen aus dem Internet ist Pfui (Sohn)

Ich selber besitze kein Fernsehgerät. Brauche ich nicht. Ganz anders ist das Bild bei meiner Mutter, hier herrscht eine Dauerbeschallung. Üblicherweise sieht die häusliche Szene bei ihr so aus: Der Fernseher ist an. Dort laufen in der Regel irgendwelche monoton am Fließband produzierten Krimis, alternativ auch Diskussionssendungen. Alles andere oder gar echte Filme, die mir gefallen, sind bei meiner Mutter nämlich nicht erlaubt. Den Kampf darum habe ich schon vor Jahren verloren. Aus der Küche dröhnt zusätzlich das Radio. Meine Mutter, von beidem unbeeindruckt, bleibt voll konzentriert in ihrem Diamantenspiel. Und zeigt keinerlei sichtbares Interesse für eins der anderen Medien.

Ich habe mich ihr gegenüber am Wohnzimmertisch mit meinem Rechner aufgebaut.
Im Fernsehen läuft ein skandinavischer Krimi. Dies ist leicht daran zu erkennen, dass die Handlung sehr eingeschränkt und monoton abläuft. Zu siebzig Prozent kann man nur Leute beobachten, die sich vielsagend anschweigen. Eine bemerkenswerte Art der Abwechslung und Entschleunigung, aber auf Dauer doch sehr langweilig. Zum Ausgleich wird während zehn Prozent des Filmes laut herumgeschrien. Ohne jegliche Vorwarnung brüllt in der Regel der Hauptdarsteller plötzlich die anderen beteiligten Charaktere an. Als Reaktion hierauf verfallen die männlichen Darsteller in ihr Schweigen zurück, während die weiblichen Rollen nun plötzlich ein enormes Bedürfnis verspüren, die eigenen Gefühle mit denen

des Hauptcharakters zu teilen, der diese Zuwendung jedoch ablehnt. Die verbleibenden zwanzig Prozent Filmzeit werden damit verbraucht, dass die Frauen dem männlichen Hauptdarsteller hinterherrennen oder hinterherschreien.

Mir scheint, dass die Skandinavier trotz ihrer berühmten Gleichberechtigung sehr klischeehafte und gleichzeitige absurde Rollenbilder leben. Ich frage mich, ob die skandinavischen Gesellschaften wirklich so emotional instabil sind, wie es diese Filme suggerieren. Es heißt ja, dass es in Skandinavien besonders viele Selbstmorde geben soll...
Nachdem zum hundertsten Mal ein Gunnar oder Gunwald im Film gerufen wurde, hab ich die Schnauze voll und gehe in den Silence Modus, was bedeutet, dass ich meine In-Ear-Kopfhörer aufsetze. In-Ear deshalb, weil diese ins Ohr gedrückt werden und mit einer Art Gummipilz das Gehör von jeglichen äußeren Geräuschen wunderbar abblocken.

Dies jedoch erweist sich als ein Startzeichen für meine Mutter. Fast zwei Stunden lang haben wir kein Wort gewechselt, aber jetzt, wo ich die Kopfhörer benutze, dauert es keine zehn Minuten, bis meine Mutter das Bedürfnis nach Konversation verspürt und eine solche startet.
Auf dieses Verhalten gibt es nur eine passende Gegenreaktion: Erstmal gar nicht reagieren, dann möglichst langsam mit beiden Händen die Kopfhörer rausnehmen, diese aber etwa nur zehn Zentimeter vom Ohr entfernt halten, den Kopf leicht nach vorne neigen und mit möglichst verschlafen wirkendem Gesichtsausdruck fragen: "Hää?". ;-p

"Wir haben "Die Anstalt" verpasst!"
Eigentlich amüsant, dieser Ausruf. Wie kann man heutzutage in unserer Informationsgesellschaft eine Information verpassen? Ist doch alles doppelt und dreifach abgespeichert und jederzeit verfügbar.
Darüber kläre ich nun meine Mutter erneut auf und erinnere sie daran, wie sie im Internet in der ZDF Mediathek die Ausgabe aufrufen und anschauen kann.
"Mediathek! Habe ich nie benutzt, das kann ich gar nicht."
Wieder dieser Satz - was gibt es daran nicht zu können?!
"Ich weiß auch gar nicht, wo ich das finde."
"Einfach bei Google "die Anstalt" mit heutigem Datum eingeben."
"Dafür muss ich ja erst den Rechner anmachen."
Nun wittere ich meine Chance, meiner Mutter doch noch eine sinnvolle Verwendung des Tablets nahe zu legen.
"Du kannst es dir auch auf dem Tablet anschauen. Die App von der ZDF-Mediathek ist bereits von mir installiert."
"Kann ich nicht. Was weiß ich, wie das schon wieder geht. Wo ist die überhaupt, diese App?"
"?!? - Gib her, ich zeig dir, wie du sie startest", dabei versuche ich, ihr das Tablet zu entreißen. Ungewohnt blitzartig entzieht sie mir aber das Gerät.
"Das Ding ist viel zu klein, darauf kann man doch gar nichts erkennen."
"Kein Problem, das Ding hat einen Mini-HDMI Anschluss. Damit kann man es am Fernseher anschließen." (Das wollte ich sowieso schon mal ausprobieren.)
"Nein, das will ich jetzt nicht."

"Warum? Den Krimi schaust du doch eh nicht?"
"Trotzdem, ich will das Internet nicht zum Fernsehen", weigert sie sich stur.
Sie ignoriert meinen fragenden Gesichtsausdruck, lässt mich stehen und widmet sich wieder ihrem Diamantenspiel.

Bis heute ist mir nicht klar, woher diese Abneigung kommt. Am nächsten Morgen lasse ich während des Frühstücks demonstrativ die verpasste Sendung auf meinem Handy laufen. Meine Mutter hört interessiert zu und verbiegt ihren Hals, um auf mein Display zu sehen. :-)

In meinem Drucker wohnt ein Gespenst (Mutter)

Ich habe einen tollen neuen Drucker. Er kann alles, sogar spuken. Man nennt das doch so, wenn geisterhaft und unerklärlich etwas passiert. Als vorgezogenes Geburtstagsgeschenk hat Peter mir das Gerät gekauft und gut gelaunt installiert. Er sagt, das Schriftbild des alten Druckers sei zu mies und die Tintenvorräte sind auch aufgebraucht. Mir ist alles recht, solange es gut funktioniert. Jetzt kann ich total simpel kopieren, scannen, drucken, Fotos auslesen usw. Dieser Drucker kopiert oder druckt auf Wunsch sogar ohne Umstände beidseitig, er kann mehrere Seiten auf einem Blatt unterbringen und das Scannen ist kinderleicht damit. Wenn Peter ein Schriftstück braucht, füttere ich den Drucker damit, der speichert das dann in der ominösen Wolke und mein Sohn holt sich das bei Bedarf dort wieder über den eigenen Rechner heraus. Das ist fabelhaft.

Nach leidvoller Erfahrung mit massenhaften fremdgesteuerten Zusendungen von Werbung haben wir die Funktion zum Faxen absichtlich nicht aktiviert und ich freue mich mehrere Wochen ungetrübt an meinem überaus klugen Drucker.

Bis ich eines Morgens furchtbar erschrecke.

Ich sitze neben dem Gerät und ziehe mir gerade die Socken an, als diese schwarze Intelligenzmaschine aus heiterem Himmel zwar dezent, aber deutlich hörbar zu arbeiten beginnt. Ich habe noch nicht einmal meinen Rechner gestartet, trotzdem wird das Ding aktiv und schiebt mit dem gewohnt eleganten Rauschen ein Blatt Papier in die Ablage. Ich starre ungläubig darauf, während ich völlig abgelenkt einen Socken auf links anziehe. Mit spitzen Fingern nehme ich das Blatt hoch und erstarre fast, als ich die Vorderseite sehe. Das Siegel des amerikanischen NSA springt mich an, es prangt unübersehbar rechts unten. Was wollen die von mir? Ich lese.

Zuerst erfahre ich, dass der Hersteller meines Druckers mir für meine kluge Kaufentscheidung dankt und dass er sich freut, mir einen ersten Bericht zu meiner Sicherheitsrisikobewertung übermitteln zu dürfen. Der Hersteller gewähre aufgrund der von mir akzeptierten Nutzungsbedingungen den Sicherheitsbehörden vollen Zugriff auf meine Daten. Ich bin empört und traue meinen Augen nicht. Es folgt ein Anschreiben der NSA mit allen meinen aktuellen Adressdaten, Telefonnummer und meiner privaten Mail. Angeblich will die NSA jetzt das verloren gegangene Vertrauen zurück gewinnen durch mehr Transparenz. Deshalb erhielte ich als Service nun meinen persönlichen Sicherheitsrisikoindex. Meine Indexzahl ist 3,5 (ein Indexwert von 10 charakterisiert aktive Terroristen!), mein automatischer Überwachungsstatus hat Stufe 5, doch mein Impact-Faktor wird als minimal eingeschätzt. Na, da habe ich ja noch mal Glück gehabt.

Auf der Rückseite des gruseligen Blattes werden die Überwachungsmaßnahmen mit frechen Argumenten begründet, die mich fast zur Weißglut bringen. Sie gipfeln im Satz "Bedenken Sie bitte: Wer nichts Illegales plant, hat auch nichts zu verbergen." Dann folgen Hinweise, woraus mein individueller Wert ermittelt wird und Empfehlungen, wie ich meine Sicherheitsbewertung verbessern könnte. Es wird mir geraten, keine Petitionen zu unterschreiben, mir ein Smartphone zuzulegen, Windows- oder Apple-Betriebssysteme zu nutzen, meinen Status auf Facebook häufig zu kommentieren und meine wichtigen Dokumente in der Google-Cloud zu speichern. Auch werde ich gewarnt, keine kritischen Zeitungen mehr zu lesen, sondern die aktuelle Regierung zu unterstützen. Damit ist klar, dass sich jemand einen Scherz mit mir erlaubt. Oder dass mein Drucker spukt, wobei das Gespenst "Peter" heißen dürfte.

Was dieser Drucker bei ausgeschalteter Faxfunktion und ohne Aktivierung durch meinen Rechner einfach so machen kann, bleibt mir trotzdem unheimlich.

Was ist eigentlich diese Cloud (Sohn)

Das Prinzip der Cloud und die verschiedenen Möglichkeiten, auf diese zuzugreifen, bewirken ein hohes, bis zu Ablehnung reichendes Misstrauen bei meiner Mutter.
Dabei ist es ganz einfach: Eine Cloud bedeutet im Grunde nichts anderes, als dass man neben der eigenen Festplatte zusätzliche Onlinespeicher-Kapazitäten zur Verfügung hat, mehr nicht.

Wenn auch in den letzten Jahren sehr viel Tam-Tam darum gemacht wird, ist dieses Prinzip nicht wirklich neu. Onlinespeicher sind nämlich schon lange eine wesentliche Voraussetzung, damit E-Mailverkehr funktioniert. Wenn man beispielsweise eine Mail erhält, landet die ja nicht direkt auf dem eigenen Computer, sondern erst einmal im eigenen Postfach, und dieses Postfach ist nichts anderes als eine gewisse Menge Onlinespeicher, in dem die Mail abgelegt wird. Ohne solche Speicher könnte man keine Mails erhalten, wenn der eigene Rechner ausgeschaltet ist.
Also liegt die Mail zunächst in dem für den jeweiligen Empfänger reservierten Onlinespeicher beim jeweiligen Anbieter (z.B. Google, GMX, T-Online usw.) Bei Privatpersonen ist das normalerweise die Bezeichnung, die nach dem @-Zeichen in der Adresse kommt.

Wenn man seine Mails lesen will, kann man dies auf verschiedene Arten tun: Entweder man geht auf die Seite des Anbieters, loggt sich mit den individuellen Daten ein, danach liest und schreibt man die E-Mails direkt im Browser. Dabei arbeitet man im Grunde direkt in der Cloud.

Die zweite Möglichkeit ist, ein spezielles E-Mail-Programm auf dem eigenen Rechner oder Smartphone zu benutzen. Dieses übernimmt dann die Arbeit: es loggt sich selbständig ein und kopiert die Mails, die im Onlinepostfach liegen, auf den eigenen Computer, um sie auch offline zur Verfügung zu stellen. Standardmäßig wird das online-Postfach mit dem Posteingang auf dem Computer lediglich synchronisiert, dafür erstellt das Mail-Programm ein Duplikat des Postfaches auf dem eigenen Rechner. Dabei wird gewissermaßen in beide Richtungen abgeglichen. Löscht man eine Mail auf dem Computer, wird diese auch im Onlinepostfach gelöscht. Aber auch umgekehrt: löscht man eine Mail direkt online auf der Webseite des Anbieters oder auf einem anderen Gerät wie dem eigenen Smartphone, so erkennt der Computer beim nächsten Start diese Änderung und löscht die Mail auch auf dem Rechner. Diese Funktion ist besonders sinnvoll, wenn man mit mehreren Geräten auf dasselbe Postfach zugreift.

Als meine Mutter ihren neuen Rechner von mir voll eingerichtet bekommen hat, will sie ihren alten verschenken und deshalb alle Mails auf dem alten Rechner löschen. Danach staunt sie nicht schlecht, als auf dem neuen Laptop ebenfalls alle Mails weg sind. Und natürlich ist dies wieder ganz von alleine passiert, sie hat doch 'nichts' gemacht. ;-)

Statt der automatischen Synchronisation kann man das Mail-Programm auch so einstellen, dass der Computer die Mails nach dem Kopieren aus dem Onlinepostfach dort direkt löscht, damit die Mails nur noch auf den eigenen Rechnern vorhanden sind. Früher war der private Onlinespeicher sehr begrenzt und man konnte auf diese Weise wieder Platz schaffen. Inzwischen wird aber für den normalen E-Mailverkehr mehr als genug Onlinespeicher zur Verfügung gestellt. Sollte man damit nicht auskommen, dann hat man definitiv einen sehr schlechten Anbieter.

Also ist das Prinzip der Cloud weder neu noch spektakulär. Es steht eine gewisse Kapazität Onlinespeicher zur privaten Verwendung bereit, die man auf unterschiedliche Weisen erreichen kann. Die bekanntesten Anbieter sind Dropbox und Google Drive, doch es gibt noch viele andere Anbieter, bei denen man kostenlos Internetspeicher bekommt. Wer will, kann hier kostenpflichtig noch zusätzliche Speicher-Volumen erwerben. Der Zugriff kann ähnlich wie bei den Mails über verschiedene Wege erfolgen. Entweder man loggt sich über den Browser direkt ein und arbeitet online im eigenen Speicher oder nutzt alternativ die Synchronisations-Methode. Der eigene Computer erzeugt dann eine Kopie des Onlinespeichers und synchronisiert diesen bei jeder Änderung. Die Benutzeroberfläche entspricht dabei jener von Windows, mit Ordnern und Dateien.

Dieses Prinzip kann meine Mutter bis heute nicht verstehen. Ich glaube, dass es über ihr Vorstellungsvermögen geht, dass ein und derselbe digitale Ort über verschiedene Wege erreicht werden kann. Und leider kann sie diese Wege auch nicht auseinander halten. Es gelingt ihr nicht, die 'normale' Ordnernavigation von Windows von einem Internetbrowser zu unterscheiden. Dass beim Browser oben drüber "Firefox" steht, eine Internetadresse und auch das Symbol für ihre Lesezeichen, nimmt sie nicht wahr, geschweige denn das Google-Logo und die völlig unterschiedlichen Symbole. Dass sie ihr eigenes Auto auf dem Supermarktparkplatz wiederfindet, betrachte ich fast als ein Wunder...

Ihr Problem mit der Cloud dürfte sein, dass man zwar alle Arten von Dateien in die Cloud schieben kann, aber immer noch das richtige Programm braucht, um diese Dateien zu öffnen. Und es gibt eben Formate, die nur im Browser geöffnet oder bearbeitet werden können sowie andere, die nur vom passenden Programm geöffnet oder bearbeitet werden können. Wenn man nicht in der Lage ist zu erkennen, ob man gerade den Internetbrowser geöffnet hat oder nicht, ist das halt ein bisschen tricky.
Da meine Mutter viel mit Texten arbeitet, machen ihr insbesondere die Microsoft-Word Dokumente Probleme. Diese könnte sie ganz schlicht direkt über Windows und der ganz normalen Ordnernavigation in der Cloud erstellen und öffnen, doch leider bevorzugt meine Mutter es, insbesondere ihre Microsoft Word Dokumente direkt im Browser zu öffnen. Ich weiß nicht warum, vermutlich nur, um mich zu ärgern. :-(

Das Problem wird noch dadurch verschärft, dass Google Drive beim Versuch, im Browser eine .docx-Datei (Word-Datei) zu öffnen, nicht einfach eine Fehlermeldung rauswirft, sondern selbständig nach Lösungen sucht, zumindest eine Lese-Ansicht anzubieten. Weil sie in dieser Lese-Ansicht nur wild herumklicken, aber nicht schreiben kann, worüber sie sich sehr wundert, beginnt meine Mutter schließlich, die Datei herunterzuladen, obwohl die schon längst auf ihrem Rechner liegt. :-/

Jetzt könnte man natürlich empfehlen, dass sie ganz auf die Internetansicht der Cloud verzichten soll. Auf der anderen Seite bieten sich damit auch eine Menge Vorteile, insbesondere für mich. Darauf will ich nicht verzichten. ;-)

Denn der eigentliche Nutzen von Clouds besteht zunächst darin, dass man mit verschiedenen Geräten (Computer, Smartphone etc.) von überall auf dieselben Daten zugreifen kann. Darüber hinaus können Sie auch mehreren Nutzern gleichzeitig den Zugriff auf eine Ihrer Dateien erlauben. So bietet beispielsweise Google eine Palette von Office-Programmen an, die nicht nur kostenlos sind, sondern ohne jegliche Installation auskommen, da sie direkt online ausgeführt werden. Diese Programme (zum Beispiel Google-Docs zur Textverarbeitung) sind zwar stark vereinfacht, verfügen trotzdem über alle elementaren Funktionen und zeichnen sich insbesondere dadurch aus, dass Sie mit mehreren Personen gleichzeitig im selben Dokument arbeiten können.

Während früher Dateien per E-Mail verschoben werden mussten, kann ich nun direkt auf den Onlinespeicher meiner Mutter zugreifen und ggf. auch gleichzeitig im selben Dokument arbeiten. So ist auch dieser Text entstanden :-)

Nur leider, leider schafft meine Mutter es nicht, den Unterschied zwischen Google Docs und Microsoft Word zu verstehen oder auch nur zu bemerken. Solange beim Drücken von Tasten Text entsteht, hält sie das immer für ihr Textprogramm. Egal, was oben links und rechts sonst noch so steht. Die Vorstellung, dass es tausende von Office-Programmen gibt, die dasselbe machen wie Microsoft-Office, ist ihr offensichtlich nicht möglich. Ich könnte ihr ja mal Word deaktivieren und stattdessen zum Notepad verlinken, ob Sie wohl den Unterschied merken würde? :-p

Wolkenkuckucksheim (Mutter)

Google-Drive, Chrome-Drive und diverse andere. Diese Speichermöglichkeiten werden völlig zu recht als Cloud bezeichnet, was ja Wolke bedeutet. Wolken entstehen und vergehen, werden vom Wind irgendwohin geblasen, regnen oder schneien, lösen sich auf. Solchen imaginären Datenspeichern kann ich überhaupt nicht trauen, soll aber meine Daten in ihre Obhut geben. Diese Drive-Speicher scheinen mir wie Nebel an einem fernen Himmel zu sein. Ich stochere manchmal hilflos in diesem Wolkennebel herum.

„Das kann doch nicht schwer sein, ich habe dir doch wirklich alles komplett eingerichtet. Du brauchst nur Drive anzuklicken und dann…"
Ich unterbreche meinen Sohn: „Wie komme ich denn noch mal dahin? Nach Drive, meine ich?"
Er seufzt resigniert. Ich weise darauf hin, dass auf dem Desktop das entsprechende Symbol noch nicht zu sehen ist, ich weiß aber, dass es weiter rechts sitzt. Und ich finde es überhaupt nicht logisch, dass ich mit der Maus abwärts scrollen muss, um nach rechts zu gelangen. Genau solche Dinge irritieren mich und ich habe keine Zweifel, dass alle Funktionen sich sofort wieder verändern werden, sobald ich mich an die derzeitigen gewöhnt habe. Man ist nämlich gezwungen, alle paar Jahre neue Geräte zu kaufen, um den ständig neuen Entwicklungen folgen zu können. Das ist Voraussetzung, um an der digitalen Welt weiterhin teilnehmen zu können. Nachdem die Renten zu einem

Existenzminimum zusammen geschrumpft wurden, bleibt ja nur die Teilhabe in der digitalen Welt - das Teilnehmen in der realen Welt ist für unsereins doch gar nicht mehr bezahlbar. Folglich muss ich allen Entwicklungen hinterher hasten.

Ich begreife jedoch nicht, warum wir in Zeiten der allumfassenden Überwachung durch sogenannte Sicherheitsdienste diesen Organisationen auch noch zuarbeiten sollen, indem wir ihnen fröhlich alle unsere Informationen in unkontrollierbaren Wolken regelrecht unter die Nase halten. So kommt mir das nämlich vor. Peter sagt zwar, dass die Wolken nur riesige Server seien, er kann aber nicht bestreiten, dass diese Server wahrscheinlich leicht ausspioniert werden von den 'Diensten'.
Die von mir erzeugten Daten, -darunter verstehe ich jetzt nur die eigenen Gehirnprodukte, nicht meine Nutzerprofile im Netz-, sind Textdateien, hinzu kommen ein paar Fotos. Dafür brauche ich keine Wolkenspeicher, meine Festplatte und die USB-Sticks reichen aus. Und von meinen Fotos macht Peter mir von Zeit zu Zeit Kopien auf CDs. Ich würde gern auf diesem Niveau bleiben, doch vermutlich wird mir das nicht vergönnt sein. Irgendetwas werden Hersteller und Entwickler schon auf den Markt bringen, was mich zu neuen Speichermedien zwingen wird.

Fairerweise muss ich zugeben, dass diese Clouds in manchen Fällen auch sinnvoll sind. Zum Beispiel für die Übermittlung von Dokumenten, die ich nur einscannen und auf einer

solchen Cloud speichern muss. Mein Sohn kann sie sich dann dort rausholen.
Damit wird schließlich Rohstoff, nämlich Papier, also Holz, gespart. Das finde ich durchaus sympathisch.

Besonders verführerisch sind die Wolkenspeicher, wenn mehrere Leute gleichzeitig an einer Sache/Datei arbeiten wollen. Bei Google-Dokumenten geht das wunderbar und ich bin fasziniert von den völlig neuen Möglichkeiten, die sich dadurch ergeben haben. Aber es ist eine etwas schaurige Faszination mit Gänsehaut, wenn man sich vorstellt, welcher Missbrauch möglich wäre und welche weiteren Entwicklungen sich ergeben könnten. Ich frage mich, ob es immer eine genügende Anzahl von Menschen mit Moral und Anstand geben wird, die diese Systeme verwalten und sich nicht korrumpieren lassen. Meine Skepsis ist der Grund, warum ich den neuen Wolkenkuckucksheimen gegenüber misstrauisch bleibe.
Außerdem schaffe ich es nicht, diese substanzlosen Speichermöglichkeiten auseinander zu halten und jedes Mal, wenn ich dort eine Datei wiederfinden will, wird das ein regelrechtes Lotteriespiel. Finde ich das gewünschte Dokument schließlich, lässt es sich nicht mehr bearbeiten, ist schreibgeschützt oder fordert ein Passwort. Falls ich diese Hürde erfolgreich überwinde und die Datei zusätzlich und vorsorglich auf meinem Rechner in einem meiner Dokumentenordner speichern will, verliere ich völlig die Übersicht, wo der neueste Bearbeitungsstand jetzt hin gerutscht ist. Peter versucht mir zu erklären, dass die

Dokumente aus der Cloud gleichzeitig auf meinem Rechner gespeichert oder jedenfalls dort wieder zu finden sind, aber das glaube ich nicht. Wäre doch blödsinnig, wofür sollte die Cloud dann noch gut sein?

Es scheint auch so zu sein, dass Google-Dokumente nicht unbedingt mit der Google-Wolke zusammenhängen. Google-Dokumente sind wunderbar, wenn mehrere räumlich entfernte Personen gleichzeitig mit einer Datei arbeiten und alle Änderungen simultan sehen wollen. Ich gehe natürlich davon aus, dass solche phantastischen Dokumente in der Phantasie-Wolke Google-Cloud aufbewahrt werden. Denkste! Von wegen! Wo genau die nun sind, bleibt mir unklar, also rufe ich meinen Sohn an und frage ihn.
"Ich komme damit nicht klar, immer verschwindet mein Text, wenn ich ihn auch auf der Festplatte speichern will, er kommt da einfach nicht an", klage ich, "warum kriege ich keine Kopie aus der blöden Cloud?"
"Wofür willst du das denn noch auf deinem Rechner speichern?", fragt er zurück, anstatt mir zu antworten.
"Na, einfach so, zur Sicherheit, ich will es eben auch selber haben."
Mein Sohn stöhnt. "Geh' doch einfach unter Datei auf 'speichern unter'."
"Genau das funktioniert ja nicht, das versuche ich schon die ganze Zeit. Denkst du ich bin völlig blöd?", fauche ich zum Schluss noch.
Kurze Pause bei meinem Sohn.

"Sag' mal, wo bist du überhaupt mit deiner Datei? Bist du denn auf Google Drive?", fragt er dann.
"Ja sicher", sage ich, "kannst du das nicht mal eben selber öffnen und nachsehen? Du kannst da doch zugreifen auf meine Sachen."
"Ich bin längst da, um welche der Datei geht es denn?"
"Na, um diesen Fantasy-Text, gestern Abend hast du doch selber da auch was rein geschrieben."
Jetzt stöhnt Peter besonders laut ins Telefon.
"Den Fantasy-Text schreiben wir unter Google-docs, du bist gar nicht auf dem Google-Laufwerk!"
Nun verschlägt es mir kurz die Sprache.
"Was soll das heißen, wo sonst soll ich denn sein? Ich sehe das Dokument doch und schreibe darin herum."
Aus den folgenden Erklärungen meines Sohnes entnehme ich, dass Drive der Cloud-Speicher von Google ist und Docs eine ganz andere Sache, nämlich ein Textprogramm von denen. Dieses Textverarbeitungsprogramm ist irgendwie nur online im Internet. Und mein damit fabrizierter Text offenbar auch nur.
"Ja, aber irgendwo muss mein Text doch gespeichert sein", beschwere ich mich bei Peter, "und ich will ihn auf meiner Festplatte haben."
"Dafür musst du ihn dir erst herunterladen. Dann kannst du ihn dir aus den Downloads in deine Dokumente kopieren. Leg' dir dafür in Gottes Namen eine Word-Datei an."
"Hätte ich mich bloß nie auf diese bescheuerten Google-Sachen eingelassen, da blickt doch keiner mehr durch", schimpfe ich.

Ich weiß nicht, was mich mehr ärgert, diese undurchschaubaren Programme und Wolkenspeicher oder meine absolute Unfähigkeit, solche Systeme zu verstehen und mir zu merken. Peter behandelt mich wie ein Kleinkind, er zwingt mich, die allmächtige Windowstaste zu drücken. Er will, dass ich mir die verschiedenen Kacheln von Google-Drive und Google-Dokumenten einpräge, damit ich bei ihm nicht ständig nachfragen muss. So ein Blödsinn, ich benutze diese albernen Kacheln nie, ich gehe über ein nettes Symbol am unteren Bildschirmrand, das wie ein Klappordner aussieht, in meine Dateien. Dort finde ich auch alles. Theoretisch jedenfalls. Immerhin habe ich mir an den Kacheln eingeprägt, dass es nicht nur Wolkenspeicher gibt, sondern auch Wolkenschreiber. Oder so ähnlich.

Windows 8 - und weiter geht die Reise (Sohn)

Neuer Computer, neues Glück. Wie auch bei meinen Freunden üblich, halte ich es normalerweise so, dass ich meine alten Computer an meine Mutter vererbe. Diese Strategie geht zuletzt leider nicht auf, weil der Rechner meiner Mutter ein verfrühtes Ende findet. Kurz vor seinem Ableben kann ich den Rechner meiner Mutter nur noch in Betrieb nehmen, indem ich regelmäßig und rotierend (durch den Gefrierschrank) Kühlakkus unter den Lüfter schiebe. Das ist extrem lästig. Als ich schließlich den Laptop nach schier unendlich langer Schrauberei auseinander montiert habe, zeigt sich, dass der Lüfter mit einem dicken Tabakpelz überzogen ist. Meine Mutter ist Raucherin.

Das Lüfterproblem ist zwar lösbar, doch erstaunlicherweise hat sogar die Festplatte gelitten, warum auch immer. Einzelne Blöcke sind beschädigt. Das ist eigentlich ungewöhnlich, da normalerweise zuerst der Arbeitsspeicher den Geist aufgibt...

Wie dem auch sei, ein neuer Rechner muss her und damit ergibt sich auch die Frage nach dem Betriebssystem. Standardmäßig sind die Rechner meist mit Windows vorkonfiguriert oder inklusive Windows nur geringfügig teurer als welche ohne Betriebssystem. Daher bietet sich jetzt die Option, auf Windows 8 umzusteigen. Fragt sich nur, ob meine Mutter, die prinzipiell schon Probleme in der digitalen Welt hat, mit Windows 8 klar kommen wird. Alternativ würde sich wieder Linux als Betriebssystem anbieten, dieses kennt meine Mutter inzwischen gut.

Ein kleiner Tipp für alle, die vor einer ähnlichen Problematik stehen: Ich habe mir nicht die Frage gestellt, was für meine Mutter das Einfachste ist, sondern überlegt, womit ich am wenigsten Aufwand habe, denn ich will von der Installation bis zu den kontinuierlichen Erklärungen und Unterstützungen (wenn meine Mutter mal wieder nicht mit Ihrem Rechner klar kommt) meine knappe Zeit schonen.

Für das Linux-System spricht, dass sie dieses System bereits kennt. Wobei auch hier relativiert werden muss, denn ich habe oft genug erlebt, dass meine Mutter beim Start ihres Rechners behauptete, die geöffnete Oberfläche sei ihr "völlig unbekannt", sie habe das "nie zuvor gesehen"! Für Linux spricht ebenfalls die hohe Sicherheit im Internet, Mutters Risiko wäre damit annähernd Null.

Bei Windows hingegen muss ich zwar ein Antivirenprogramm installieren, habe ansonsten jedoch keinen besonderen Aufwand zum Konfigurieren, so wie das mit dem Drucker unter Linux der Fall ist. In der Summe könnte ich mit Windows viel Zeit sparen und auch sehr einfach Cloud-Dienste einrichten wie z.B. Google-Drive. Das würde den Austausch von Daten erheblich erleichtern.

Bislang schicken wir uns E-Mails und es ist immer ein Glückspiel, ob meine Mutter die Anhänge überhaut abspeichert, bevor sie diese bearbeitet oder ob sie jemals den Speicherort wiederfindet, falls sie doch ans Speichern denkt. Weil insbesondere diese Orientierungs-Problematik meiner Mutter mich schon seit Jahren auf die Palme bringt, entscheide ich mich für Windows als Betriebssystem ihres neuen Laptops. Sie wird sich eben an neue Benutzeroberflächen gewöhnen müssen. Das hat sie unter Linux nach dem Start doch angeblich auch immer wieder mal erlebt, siehe oben. Und falls es überhaupt nicht funktioniert, kann ich ja immer noch auf Linux zurückgehen. Wer weiß, vielleicht bemerkt sie den Unterschied ja gar nicht. ;-)

Das Handy der Großeltern (Mutter)

Von meinen betagten Eltern erwarte ich gar nicht, dass sie sich mehr als unbedingt nötig mit der digitalen Welt auseinandersetzen. Mein Vater hat seit dem Aufkommen der digitalen Technik ohnehin das Interesse an Innovationen verloren und meine Mutter hat ihre diesbezüglichen Bemühungen aufgegeben, als sie blind wurde. Zwar gibt es elektronische Hilfsmittel bei Erblindung, aber die Praxis hat gezeigt, dass die Anwendungen irgendwie doch entweder Sehkraft oder Vorkenntnisse erfordern. Nur mit einem sprechenden Wecker hat meine Mutter sich angefreundet. Für ihre Unterhaltung bekommt sie ständig Hörbücher geschenkt, das gilt wohl als gute Idee für Blinde, doch bezahlbare Abspielgeräte sind nicht wirklich blindenkompatibel.

Wichtig finden wir allerdings, dass meine Eltern ein Handy mitnehmen, wenn sie unterwegs sind. Wir kaufen ihnen ein signalrotes Gerät, speziell für Senioren entwickelt mit riesengroßen Tasten, geräumigem beleuchtetem Display und besonders starkem Lautsprecher. Auch wenn er noch gut sehen kann, so ist mein Vater doch hochgradig schwerhörig. Für den Ernstfall befindet sich auf der Rückseite des Handys ein Notrufknopf. Wenn die beiden jetzt zusammen losgehen und ihr Handy klingelt, werden sie hektisch aktiv. Normalerweise hört nur meine Mutter das Anrufsignal und fordert meinen Vater auf, doch das Telefon in einer seiner vielen Taschen zu finden. Das dauert. Dann muss er noch die richtige Taste drücken, um das Gespräch anzunehmen.

Danach reicht er das Handy an meine Mutter weiter, weil er ja nichts hört. Wenn das Prozedere fehlerfrei gelingt, kann ich anschließend mit ihr sprechen. Aber das klappt natürlich längst nicht immer.

In den ersten Wochen betätigen meine Eltern unabsichtlich immer wieder mal die Notruftaste und sind völlig überfordert von der fremden Stimme aus dem Gerät. Verzweifelt bemühen sie sich, die Verbindung zu trennen. Meinem Vater ist das schließlich so peinlich, dass er die Fehlerquelle auf seine eigene Weise ausschaltet. Da wir ihm regelrecht verboten hatten, das Handy komplett abzuschalten, überklebt er den Notrufknopf rigoros und sehr effektiv mit einem Klebeband, das Tonnen festgehalten hätte.
Dies entdeckt mein Sohn erst Wochen später, als er meinen Eltern wieder einmal vorführen muss, wie sie die eingespeicherten Kontaktnummern anrufen können. Er ist ziemlich fassungslos darüber, dass die wichtigste Funktion -der Notruf- ausgetrickst worden ist und genauso wenig versteht er, warum immer noch die Schutzfolie auf dem Display klebt. Also übt Peter geduldig mit seinen Großeltern, wie sie das Handy benutzen können, ohne den Notruf auszulösen.

Erstaunlich ist, dass mein Vater es zwar schafft, Eintragungen aus dem Adressbuch zu löschen, aber nicht imstande ist, die gespeicherten Nummern einfach anzurufen. Stattdessen kümmert er sich intensiv darum, dass der Akku niemals leer wird. Das Handy ist ununterbrochen ans Ladegerät angeschlossen, wenn meine Eltern zu Hause sind. Sie sind fast immer zuhause.

Freiheit im Netz (Sohn)

Das ist ja das Schöne am Computer, auch wenn man Tage, Wochen oder Jahre an einer Datei (zum Beispiel einem Text) gearbeitet hat: das Erstellen von tausenden Duplikaten ist für den Rechner die einfachste Aufgabe überhaupt. Er kann problemlos sogar solche Dateien duplizieren, die er selbst gar nicht öffnen kann, zum Beispiel, weil ihm das passende Programm zur Ausführung fehlt. Dies ist ihm egal, weil er einfach die Originaldatei kopiert, ohne sie wirklich lesen zu müssen. Deswegen ist es auch möglich, ganze Ordner samt dazugehöriger Struktur zu duplizieren.

Genau hier liegt nämlich die Stärke von Computern: eine einmal erbrachte Leistung kann ohne nennenswerten Aufwand vervielfacht und verteilt werden. In Verbindung mit dem Internet ergibt sich eine nahezu unendlich große Quelle für Daten und Informationen. Erstmalig und ggf. sehr mühsam erzeugte Dateien werden über das Internet zugänglich für jedermann. Dieser freie Datenaustausch ist es, der unsere Informationsgesellschaft auszeichnet. Und diese Einfachheit, Daten aufwandslos zu vervielfachen und global zur Verfügung stellen, ergibt die große Überlegenheit der digitalen Welt gegenüber der materiellen. Wenn Sie als Tischler einen Stuhl produziert haben, können Sie diesen einmal verkaufen. Haben Sie aber eine App entwickelt, können sie diese nahezu unendlich oft ohne Aufwand multiplizieren. Dieser Vorteil der einfachen Vervielfältigung wird allerdings besonders von der

Musikindustrie aus irgendwelchen Gründen etwas anders gesehen... :-)

Im Grunde haben einige Industriezweige bis heute nur deshalb Probleme, mit diesem Trend klar zu kommen, weil sie die eigenen Vorteilspotenziale des Internets nicht oder zu spät wahrgenommen haben. Musik kann schon seit Ewigkeiten ganz einfach kopiert und verteilt werden. Die Musikindustrie versuchte jahrelang, dies schlicht durch Kopierschutz auf den Trägermedien zu verhindern. Viel zu spät erst passten sich Musikproduzenten den neuen Medien an und stellten eigene Angebote zur Verfügung, in denen Musik legal und schnell online zu erwerben ist.

Die Filmindustrie hat es bis heute nicht wirklich geschafft, ihre Produkte effizient digital zu vermarkten. Also ist nüchtern festzustellen, dass das illegale Angebot an Filmen und Serien im Internet nicht nur umfangreicher, sondern auch aktueller ist als legale Angebote.

Für die Möglichkeiten unserer vernetzten Welt sind viele etablierte Regelungen einfach nicht anwendbar. Dies wiederum erzeugt bei manchen Interessengruppen Misstrauen bis hin zu Ablehnung. Bei diesen Gruppen handelt es sich ausschließlich um solche, die nicht in der Lage sind, sich der neuen Situation schnell anzupassen. Wie oben gezeigt, hat beispielsweise die Musikindustrie sehr lange dafür gebraucht.

Das größte Risikopotenzial eines freien Internets besteht jedoch für die konservative Politik, insbesondere, wenn sie sich nicht anpassen kann oder will. Je restriktiver die

Regierung, desto stärker wird gegen ein freies Internet gearbeitet. Während (nicht nur) in China das Prinzip Zensur und direkte Einflussnahme an der Tagesordnung ist, praktizieren die Vereinigten Staaten halt die totale Überwachung. Und Deutschland?
Technisch hinkt unser Land wie üblich hinterher und verfällt alle paar Jahre in orientierungslosen Aktionismus ohne relevante Konsequenzen. Aber was will man auch erwarten von Politikern, die zugeben, noch nie eine E-Mail selbst geschrieben zu haben, sondern solche Arbeit ausschließlich vom Sekretariat erledigen lassen? Eventuell ist diese Einstellung nur die Konsequenz unserer überalterten Gesellschaft und ich vermute mal, dass dies der Grund ist, warum es nicht die geringsten realistischen Vorschläge und Gesetzesvorlagen gibt, um die Bürger im Netz effektiv zu schützen. Denn wer glaubt, Facebook sei ein Schminkset und Amazon ein Regenwald, der wird auch nicht verstehen, was Datenschutz ist. Stattdessen wurden die letzten Gesetze zum Datenschutz, die Anwendung hätten finden können, noch geschleift. R.I.P., Brief-, Post- und Fernmeldegeheimnis! :'-(
Nur, wenn sich unsere Politiker selbst bedroht fühlen, lässt die digitale Welt sie nicht mehr ganz kalt. Oder, wenn sich das Thema medienwirksam für sie verwerten lässt.

Die Möglichkeiten der Menschen, sich frei übers Internet zu organisieren und zu vernetzten, haben nun auch in Deutschland zu sehr grenzwertigen Überlegungen geführt, diese Freiheit einzuschränken. Dafür werden sogar abstruse Ideen eines 'Aus-Schalters' für das Internet diskutiert.

Jedes Mal sehr interessant ist auch die alle paar Jahr aufs Neue entfachte Diskussion zu sogenannten 'Killerspielen'. Bevor sich etliche Besserwisser öffentlich dazu gemeldet haben, hätte ich mir niemals vorstellen können, wie viele 'Experten' zum Thema Computerspiel allein die CSU in Ihren Reihen hat - und das trotz deren fortgeschrittenen Alters. ;-)

Während man solche Bemühungen noch relativ amüsiert betrachten kann, wird es aber brenzlig, wenn plötzlich auch in Deutschland die vollständige Überwachung (Vorratsdatenspeicherung) und -noch schlimmer!- die Zensur erlaubt werden soll.

Man kann es nicht oft genug sagen: die Vorratsdatenspeicherung hat noch nie ein Verbrechen verhindert und wird es auch niemals können! Eine derartig große Menge an Daten, wie sie täglich neu anfällt, lässt sich nicht mal so eben überwachen und sinnvoll auswerten. Die dafür erforderlichen Systeme können kaum so schnell wachsen wie die anfallenden Datenmengen. Also wird pauschal gespeichert und das bedeutet schlicht und ergreifend die totale Überwachung eines jeden Bürgers. Und wer jetzt meint "ich habe doch nichts zu verbergen", der irrt, denn jeder hat eine Privatsphäre. Menschen, die wissen, dass sie überwacht werden, verändern immer unbewusst ihr Verhalten, ihre Individualität und Kreativität wird durch Überwachung behindert und unterdrückt. :-(

Ein Beispiel gefällig? Spiegel Online berichtete einmal über Marcel S., einen bekannten Islamisten aus Deutschland. Da ich einen Freund habe mit demselben Namenskürzel, hätte ich ihm gern diesen Artikel zugeschickt mit einem spaßig gemeinten Kommentar, dass man ihn nun endlich aufgespürt hätte. Ich habe jedoch darauf verzichtet, weil eine E-Mail in diesem Zusammenhang sofort von automatischen Programmen markiert und ausgewertet worden wäre. Die Ironie der Nachricht hätte ein automatisiertes Programm gar nicht erkannt. Ich hatte keine Lust darauf, dass dann auch meine weiteren Mails kontrolliert würden und die meines Freundes ebenfalls. So wird Selbstzensur erzeugt! :-C

Die vollständige Überwachung des Datenverkehrs führt bloß zu zwei möglichen 'Vorteilen', die allerdings nicht uns selber nützen: Zum einen lassen sich Stimmungsbilder innerhalb der Bevölkerung identifizieren und auswerten oder breit angelegte Konsummuster für die Wirtschaft erstellen. Diese können zusätzlich individualisiert werden für gezielte Werbung und Preisgestaltung.

Es geht beim Datenabschöpfen nicht (und das kann es auch nicht) um die Identifizierung einzelner, individueller Verbrecher, sondern um das Auspähen bzw. Kontrollieren der breiten Masse. Erinnern Sie sich noch an den Vorschlag mit dem 'Stopp-Schild' vor Seiten mit kinderpornografischen Inhalten? Dass diese Idee aus technischer Sicht völliger Blödsinn ist, wurde oft genug beschrieben, ich wiederhole das jetzt nicht. Stellen wir uns doch lieber einmal die Frage, wer in der Lage ist, eine solche Zensur zu umgehen und wer nicht.

Ich bezweifle sehr, dass es einer Zensur tatsächlich um Kinderpornografie geht. Die wirklich besessenen Pädophilen lassen sich durch ein Stoppschild jedenfalls nicht von solchen Seiten fernhalten. Wen interessiert so ein Scheiß überhaupt? Normale Menschen wollen das nicht sehen. Im Übrigen ist diese Art der Zensur aus technischer Sicht einfach nur ein Witz.

Auch ich wäre in der Lage, mich über einen unreglementierten DNS-Server routen zu lassen, gerne auch über mehrere, die alle paar Sekunden gewechselt werden und das Ganze meinetwegen noch verschlüsselt. Können Sie das auch? Nein? Na, dann wissen wir ja jetzt, wer wirklich zensiert werden soll: Die Mitte der Gesellschaft, der normale Bürger. Sie!

Digitalis (Mutter)

Meine Konfrontation mit der digitalen Welt stand von Beginn an unter einem schlechten Stern. Es war in den achtziger Jahren und mir fehlten jegliche Vorkenntnisse, als ich in einem neuen Job einen Computer bedienen sollte. Damals waren nur diverse Datenbanken damit zu führen, aber ich war immer unsicher, ob ich meine Eingaben an der richtigen Stelle machte. Der Abteilungsleiter war übrigens auch sehr unsicher und führte daher ein paralleles physisches System auf Papier. Nur wenige Jahre später gab es schon die handlichen PCs mit Textverarbeitungen und mein Mann stellte mir eines Tages so ein Gerät einfach auf den Schreibtisch. Damit hat mein Kampf angefangen.

Manche meiner Altersgenossinnen verweigern sich dem, was ich Digitalis nenne, völlig. Meine Freundin Claudia zum Beispiel. Sie behauptet, das Digitalis-Gift lege ihr Gehirn lahm und sie will sich nicht länger über ihre spezifische digitale Inkompetenz ärgern. Das kann ich gut verstehen. Auch ich ärgere mich sehr, wenn mein Sohn unwillig stöhnend „wenn es denn schon wieder sein muss!" sagt und rasend schnell auf der Tastatur hantiert, um das von mir gewünschte Ergebnis auf dem Bildschirm zu erzeugen. Dabei soll er mir doch bloß noch einmal zeigen, wie ich zu bestimmten Menüs oder Funktionen gelangen kann, weil ich das nämlich inzwischen vergessen habe.

Bitter ist es, wenn die eigene Leibesfrucht mir dabei vorwirft, ich würde ihn absichtlich quälen, denn sonst - wenn er nicht zu Besuch ist – könnte ich meine Sachen doch auch allein erledigen. Wer tatsächlich gequält wird, bin ich. Ich bin zu einer Zeit groß geworden, in der nicht digital gelernt wurde, wir schrieben mit der Hand, liefen zur Bibliothek und recherchierten in realen Büchern, wir hatten Eindrücke aus der wirklichen Welt um uns herum. Wir benutzten Telefonbücher, griffen zum Hörer und sprachen mit echten Menschen.

Alte Gewohnheiten sind hartnäckig und so ist es kein Wunder, dass meine Generation gewisse Schwierigkeiten hat mit den total veränderten Methoden, sich heute in der Welt zu bewegen. Doch wir bemühen uns ernsthaft, unsere gelernten Denkweisen und altmodischen Vorstellungen von Logik abzulegen und wetteifern darin, uns der neuen Technik anzupassen. Beherrschen kann man sie nämlich nicht wirklich.

Unsere Integrations-Anstrengungen in Richtung Jugend gehen so weit, dass wir nach außen eine lässige Kompetenz vortäuschen. Erst bei vertraulichen Gesprächen mit engen Freundinnen kommt die Wahrheit ans Licht: Die meisten von uns sind immer wieder verunsichert beim Umgang mit unseren Computern und beileibe nicht so großartig und locker wie es den Anschein hat. Ist das nicht furchtbar, dass ältere Menschen so schauspielern müssen, um von jüngeren akzeptiert zu werden?

Es herrscht sogar eine regelrechte Geheimniskrämerei bei vielen, um nicht zuzugeben, welche Defizite bestehen. Das erinnert mich an die Situationen aus der Schulzeit, wenn manche Klassenkameradinnen nicht verraten wollten, welche Note sie bekommen hatten.

Das mache ich aber nicht mit, sehe ich gar nicht ein! Gerne erzähle ich jedem, was mich am Digitalismus stört und wo er sich mir verweigert. Im Anschluss kommen dann nämlich die Geständnisse der anderen und ich fühle mich sehr gut aufgehoben in meiner Altersklasse. Garantiert gibt es auch irgendwo ein einzelnes weibliches Nerd-Exemplar meiner Generation, nur bin ich nie einem begegnet.
Ich wüsste übrigens gern, ob die männlichen jungen Leute wirklich alle so digital-schlau sind, wie sie es vorgeben. Gut, digital kommunizieren können sie alle hervorragend, das ist weder zu übersehen noch zu überhören.

Mein Sohn und die Hersteller behaupten, Tablets, Smartphones oder die Rechnersoftware seien 'nutzerfreundlich' und total einfach zu bedienen, aber das ist absolut gelogen. Die angeblich intuitive Menüführung entspricht den Gewohnheiten meines Gehirns überhaupt nicht. Ich will erkennen können, warum und wie etwas funktioniert. Früher konnte ich das halbwegs. Die immer weniger durchschaubare sogenannte Nutzerfreundlichkeit kommt nur den Menschen jener Generation zugute, deren Gehirne früh genug digitalisiert worden sind. Kleinste Kinder gehen heute zum Fernsehgerät und spreizen ihre Finger, weil sie ein Detail des Bildes vergrößern wollen oder sie wischen mit einem Finger übers Bild, weil sie was anderes sehen möchten. Ich bitte Sie! Wer muss die schmierigen Flecken wegputzen? Sie und ich. Weil die Kinder ja noch zu klein sind – außer eben zum Wischen mit ihren Klebefingern. Kein Wunder, dass solche Nachkommen später zu kritiklosen Anwendern logikfreier Computerbefehle werden!

Meine Freundin Claudia hat ihren Laptop weggegeben, sie besitzt keine E-Mail-Adresse und sie steht zu diesem Defizit. Ein Smartphone hat sie natürlich auch nicht. Aber sie hat mehrere Computerkurse und Seminare absolviert, sie hat sogar Privatunterricht genommen und ist durchaus von den Vorteilen jeglicher Textverarbeitung überzeugt. Doch sie kann den Digitalismus einfach nicht begreifen.
Nein, nein, Sie irren, Claudia ist nicht dumm, im Gegenteil. Sie ist nicht nur intelligent, sondern auch gebildet und wirklich klug, es gibt keine verständigere Freundin als sie. Allerdings sind ihre Referendare regelrecht verstört, wenn sie von ihr lediglich eine Telefonnummer und Postanschrift für notwendige Kontakte erhalten...

Claudia führt dennoch ein erfolgreiches und ausgefülltes Leben, strahlt einen unerschütterlichen Seelenfrieden aus und hat immer ein offenes Ohr. Sie ist ausgeglichen und quält sich nicht ab mit immer neuen Anwendungen oder grübelt über die richtige Bedienung von Funktionen nach. Wie beneidenswert viel Zeit sie allein dadurch spart, nicht täglich mindestens 50 meist unnötige Mails kontrollieren und löschen zu müssen...

Nur weil ich es nicht schaffe, auf die Vorteile der digitalen Welt zu verzichten, muss ich auch ihre Nachteile in Kauf nehmen und mich unablässig von der Digitalis hetzen lassen.

Nein, es geht eben nicht ohne Internet und Computer (Sohn)

Was mich wirklich wütend macht, ist, wenn gänzlich unwissende Menschen mir erklären wollen, dass Computer und Internet überflüssig seien und früher sowieso alles besser war. Weil es im Fernsehen gebracht wurde, durfte ich vor einiger Zeit einem besonders skurrilen Interview beiwohnen, in dem ein älterer Herr, wir nennen ihn mal Helmut, seine Meinung zu den neuen Medien preisgab.

Da sitzt dieser Mann mitten in einem Wohnzimmer, das eins zu eins direkt aus den 60 er Jahren importiert worden ist. Lediglich der 40 Zoll LED-Flachbildfernseher springt interessant aus dem Ensemble hervor. Der alte Mann erklärt mir (und allen anderen Zuschauern), dass Computer und Internet völlig überflüssig seien. Niemals würde er sich darauf einlassen. Falls seine Frau auf die Idee käme, in ihrem Arbeitszimmer oben im Haus einen Computer aufzustellen, dann würde er darauf bestehen, dass sie gefälligst immer neben ihm sitzt, wenn er fernsieht. Jetzt muss sie das noch nicht, weil sie oben ja nur Handarbeiten macht.
Er käme ganz hervorragend ohne Internet aus und werde dieses auch niemals brauchen, schließt er seinen Vortrag ab. Ab einem gewissen Grad ist die Dummheit von solchen alten Menschen kaum zu ertragen.

Es hat den Anschein, dass die Einstellung des alten Helmut bei vielen alten Leuten verbreitet ist, wenn auch hoffentlich nicht ganz so krass. Opa Helmut meint also, auf Internet und Computer verzichten zu können. Solche Engstirnigkeit ist Stoff für ein spannendes Gedanken-Experiment: Wie würde sein Alltag aussehen, wenn von jetzt auf gleich alle Computer versagen und das Internet lahmgelegt würde? Da doch alle Computer für Helmut überflüssig sind, dürfte er nach eigener Aussage unter einem Ausfall des Internets nicht leiden.

Stellen wir uns vor, er fährt wie jeden Morgen Brötchen und Zeitung kaufen, heute will er vorher noch schnell beim Geldautomaten vorbei. Doch dieser bleibt schwarz und stumm. Opa Helmut, der bekanntlich kein Internet braucht, hat immer ignoriert, dass auch ein Geldautomat nichts anderes als ein mit dem Internet verbundener Computer ist. Die Bankschalter haben noch nicht geöffnet. Egal, Helmut hat ja noch Bargeld, also fährt er weiter zum Supermarkt. Hier spielen sich bereits tumultartige Szenen ab, deren Ursache Helmut nicht begreift. Es ist doch alles wie immer, nur eben ohne Internet und Computer und die braucht er sowieso nicht.

Ein Problem ist allerdings, dass der Supermarkt jetzt keine neuen Waren bestellen kann. Schon seit Jahren funktioniert dies nicht mehr telefonisch, sondern über spezielle Programme. Die erfassen immer den aktuellen Lagerbestand über die Registration der Kasse und bestellen über das Internet die fehlenden Waren automatisch nach. Nach dem gleichen Prinzip bestellt auch das Großlager bei den

Produzenten. Aber ohne die jeweiligen Datenbanken und dem Internet für die Kommunikation funktioniert das alles jetzt nicht mehr.

Der Geschäftsführer des Marktes versucht momentan verzweifelt, den Fahrer des LKW mit der Tageslieferung, die gestern bereitgestellt wurde, per Telefon zum Supermarkt zu lotsen. Hier ist das Problem entstanden, dass der Fahrer auf sein Navigationsgerät mit GPS angewiesen ist, um seine Route zu erledigen und den Supermarkt zu finden. GPS Signale können aber nun nicht mehr empfangen werden, ein Navigieren ist nicht möglich.

Helmut versteht die ganze Aufregung immer noch nicht, ist doch alles wie sonst, nur halt ohne Internet und Computer. Das ging doch früher auch ohne. Die ersten findigen Leute haben sich schon zu Hamstereinkäufen eingefunden. Opa Helmut ist das egal, schadenfroh beobachtet er, dass Kunden mit ihrer Kreditkarte nicht mehr bezahlen können. Er hat dieses 'Plastikgeld' immer schon abgelehnt.

Seine Brötchen bekommt er heute zwar noch beim Bäcker nebenan, aber bei der Zeitung macht er ein verdutztes Gesicht. Da liegt nur ein Stapel weißes Papier. Ursache dafür ist, dass keine Daten zur Druckerei übertragen werden konnten, denn natürlich werden auch diese nur digital übermittelt. Offenbar haben die Logistikprogramme letzte Nacht noch ein wenig länger funktioniert als der Datentransfer zu den Druckmaschinen.

Ohne Internet können die Redaktionen sowieso keine tagesaktuellen Informationen mehr aus aller Welt erhalten und die Telefonnetze sind natürlich längst zusammengebrochen. Berichtet werden könnte allenfalls nur über die regionalen Auswirkungen der digital verursachten Katastrophe. Das wiederum geht aber auch nicht, weil die alten technischen Ausrüstungen zum Schreiben und Drucken längst ausgemustert sind.

Helmut, der ja auf das Internet verzichten kann, fährt also ohne Zeitung wieder zurück. Unterwegs hält er noch einmal bei seiner Bank, deren Schalter jetzt offen sein müssen. Die Variante mit der persönlichen Bedienung hat ihm immer schon besser gefallen als die Automaten. Doch auch hier spielen sich merkwürdige Szenen ab. So voll hat er die Bank noch nie erlebt. Weil Helmut schwerhörig ist, versteht er im Durcheinander der aufgeregten Diskussionen nichts. Als er endlich an der Reihe ist, erklärt der sichtlich gestresste Schalter-Angestellte unserem Opa Helmut, der ja kein Internet braucht, wo das Problem liegt: Das Internet funktioniert nicht mehr, es können keine Daten verarbeitet werden, alle Server und Endgeräte sind tot. Darum sind jegliche Bankgeschäfte unmöglich und die gesamte Geldwirtschaft ist zusammengebrochen.

Ungläubig schüttelt Opa Helmut den Kopf, er versteht die Welt nicht mehr, ihm wird flau. Wir wollen mal zu seinen Gunsten annehmen, dass Helmuts Herz durchhält, denn wenn er jetzt ins Krankenhaus müsste, hätte er schlechte Karten. Schon der Notruf wäre vermutlich blockiert und natürlich sind medizinische Versorgung und Diagnosen im Krankenhaus längst von der digitalen Technik abhängig, ohne Computer funktioniert nur das Allernötigste.

Der Bankangestellte nutzt Helmuts Sprachlosigkeit, um seine eigenen Sorgen auszuschütten.
"Wenn die Börsen schon nervös auf ein Zucken vom Chef der Zentralbank reagieren, was meinen Sie, wie es erst aussieht, wenn Börsianer und Investmentbanker plötzlich nur noch auf schwarze Monitore schauen? Niemand ist mehr imstande, Werte zu bestimmen. Schießt eine Inflation hoch oder rutscht die Wirtschaft in eine Deflation? Keiner weiß es. Wir wissen auch nicht, wieviel der Euro überhaupt noch wert ist, Verrechnungen für internationalen Handel sind nicht mehr möglich, Firmen und Aktiengesellschaften sind schlagartig nicht mehr liquide, Geldtransaktionen unmöglich geworden. Es ist zum Verrücktwerden!" stöhnt der Mann.
"Ja, und mein Geld? Ich will mein Geld haben!", stottert Opa Helmut.
Der Bankangestellte wird steif, er erklärt, dass er ja nicht mal weiß, wieviel Geld Helmut auf dem Konto hat.
"Das ist nämlich nicht auf Papier oder Plastik gespeichert, sondern in unseren Datenbanken. Aber die gibt es jetzt nicht mehr. Die sind doch alle zerstört."
"Und meine Rente? Wie kriege ich die?"
Der arme Angestellte muss Helmut unmissverständlich erklären, dass dieser nicht mehr auf sein Konto zugreifen kann und dass Löhne und Renten auch gar nicht mehr überwiesen bzw. gebucht werden. Opa Helmut, der ja kein Internet

braucht, regt sich natürlich mächtig auf, aber das ändert jetzt auch nichts mehr.

Auf der Heimfahrt überlegt er, was er mit dem bisschen Bargeld, das zuhause liegt, noch machen soll. Der Bankangestellte hat ihm geraten, es schnell auszugegeben. Sachgüter verlieren nicht so schnell an Wert.

Opa Helmut erinnert sich an die Ölkrise der 70 er Jahre und fährt erst einmal zum Tanken. An der Tankstelle kann er nicht glauben, was er an der Preistafel liest: 10 Euro soll der Liter kosten. Der Tankstellenbetreiber erklärt ihm, dass er schon seit den frühesten Morgenstunden keine Informationen mehr von der Zentrale erhalten hat und dort auch niemanden erreicht. Ständig besetzt. Er hat selber überhaupt keine Ahnung, wieviel das Benzin jetzt wert ist.

Unter Berufskollegen heißt es, die gesamte Ölindustrie sei zusammengebrochen, weil alle Bestellsysteme plötzlich weg sind. Man weiß auch nicht, welcher Öltanker gerade mit welcher Menge welchen Hafen ansteuert. Es herrscht das absolute Chaos und um auf der sicheren Seite zu sein, müsste er nun halt 10 Euro pro Liter nehmen.

Es gibt schließlich kaum noch Informationen, Radio und Fernsehen widersprechen sich ständig. Viele Leute bekommen überhaupt keine Nachrichten mehr, weil ihre Geräte nicht unabhängig vom Internet funktionieren. Niemand der Kollegen weiß, ob er jemals wieder beliefert wird. Angeblich sollen die Bundesreserven geöffnet werden, doch staatliche Einrichtungen und die Stromversorgung gehen natürlich vor. Der Pächter ist aufgeregt und verzweifelt.

"Wahrscheinlich fällt der Strom für uns auch bald aus, das ist doch irgendwie alles digital gesteuert", jammert er.
Selbst dem Opa Helmut, der kein Internet braucht, dämmert langsam, dass etwas gewaltig nicht mehr stimmt.

"Das sind ja schon Zustände wie bei Kriegsende", berichtet er seiner Frau, als er nach Hause kommt. Die ist allerdings selbst ganz aufgeregt und jammert über ständige Stromausfälle. Zum guten Schluss sitzt Opa Helmut -der ja kein Internet braucht- im kalten Wohnzimmer vor dem schwarzen Fernsehbildschirm und kann nur noch den Anweisungen aus seinem batteriebetriebenen Radio folgen. Seine Frau strickt an einem warmen Pullover.

Tja, so ungefähr sähe es aus, wenn Opa Helmuts Wünsche nach einer Welt ohne Computer und Internet plötzlich wahr würden.
Wir sind längst darauf angewiesen und abhängig von Computer und Co.. Mit Telefon, Fax, Telegrammen und Brieftauben lässt sich unser Lebensstandard nicht aufrechterhalten. Das funktioniert schlicht und ergreifend nicht mehr.
Die digitale Welt hat uns völlig neue und bessere Lebensbedingungen beschert. Tatsächlich haben wir damit einen weitaus höheren Lebensstandard als vorher.

Früher war alles besser? Nein, war es nicht! Im Wesentlichen war vieles deutlich schlechter. Man erinnert sich wohl nur nicht so gerne daran.

Wie war das denn mit dem Umweltschutz? Mit dem 'Wundermaterial' Asbest? Als die Flüsse noch Abwasserkanäle waren und jeder Dreck in die Luft geblasen wurde? Als natürliche Ressourcen hemmungslos ohne Rücksicht auf folgende Generationen ausgebeutet wurden?

Auch die Sache mit der Nah-Ost-Politik unserer Großväter war nicht gerade eine Erfolgsgeschichte, oder? Opa Helmut und viele andere seiner Generation und Denkweise finden es normal, bei Konflikten um Macht und Ressourcen schnell mal einen Krieg zu führen. Obwohl sie doch selber reichlich davon gesehen haben, scheinen die Wenigsten daraus gelernt zu haben. Während ich der ständigen Gefahr eines Atomkrieges überhaupt nichts Positives abgewinnen kann, fanden die meisten Alten das sogenannte 'Gleichgewicht des Schreckens' völlig normal. Unglaublich! Das ist auch ein Grund, warum mich solche Ignoranten wie Opa Helmut maßlos ärgern.

Die informierte junge Generation weiß, dass die alten Denkmuster nicht mehr taugen, um die Zukunft der Menschheit auf unserem Globus zu sichern. Meine Generation muss Lösungen für die ganzen Altlasten finden und das können wir nur bei hoher wissenschaftlicher Vernetzung und schnellem Informationszugang per Internet. Wir arbeiten ja bereits an den Lösungen und wir werden die Alten in den entscheidenden Positionen bald ablösen.

Angst vor Fortschritt haben wir nicht, im Gegenteil:

Ein Golf 1 war zu seiner Zeit definitiv ein schönes und pragmatisches Auto, es wird noch heutzutage als Oldtimer im Straßenverkehr gern gesehen. Trotzdem gab es ständig Fortschritte in der Entwicklung. Ein heutiger Golf 7 ist größer, hat erheblich mehr Komfort, benötigt deutlich weniger Sprit und ist insbesondere viel sicherer. Der Wagen kann von selbst den Abstand regulieren auf der Autobahn, kann die Spur halten und in Notsituationen eigenständig bremsen, um Schlimmeres zu verhindern. Wenn Sie wollen, parkt er alleine ein. Und doch es ist immer noch ein Golf, gedacht für dieselbe Käuferklasse wie sie es damals beim Golf 1 war. Und natürlich trifft dies auf die Entwicklung anderer Automarken ebenso zu.

Sie können mir getrost glauben, wenn ich Ihnen als promovierter Ingenieur versichere, dass die nötigen vernetzten Systeme und Errungenschaften nicht von einzelnen Überfliegern auf dem Zeichenbrett geplant wurden. Nein, die gesamte Forschung zu solchen Neuerungen, insbesondere auch die universitäre Forschung, wäre nicht denkbar ohne Vernetzung in der digitalen Welt. Und wir sind dringend darauf angewiesen, hier so schnell wie möglich noch weiter voranzukommen, um die Fehler der Generation von Opa Helmut auszugleichen.

Wir versuchen beispielsweise mit effizienteren Technologien, intelligenten, miteinander vernetzten Maschinen und intelligenten Stromnetzen den Energieverbrauch und CO^2 Ausstoß zu mindern. Nachdem seit den 60er Jahren des vergangenen Jahrhunderts ungebremst alles verbrannt wurde, was immer nur möglich war und dabei ungefiltert unsere Atmosphäre 'bereicherte', müssen wir heute die klügeren Lösungen entwickeln.

Für den alten Helmut war es noch selbstverständlich, ohne jede Rücksicht auf nachfolgende Generationen Ressourcen hemmungslos zu verheizen. Das nannte sich Wiederaufbau und Wirtschaftswachstum und bescherte den Alten wunderbare Renten, von denen wir Jungen nicht einmal mehr träumen können. Sieht Opa Helmut das als Problem? Natürlich nicht, er hat doch immer brav gearbeitet, meint er, auch wenn er sein Leben auf dem Schreibtischstuhl hockend damit verbracht hat, Verschwendung zu verwalten.
Jedenfalls müssen wir uns jetzt um die Folgen kümmern. Gleichzeitig müssen wir aber den Chinesen und Indern erklären, warum die sich nicht so verhalten dürfen wie unsere Großeltern. :-|

Im Grunde hinterlässt uns Opa Helmut einen großen dampfenden Haufen, aber stellt sich hin und behauptet, dass früher alles besser war. Er will die neuen Technologien nicht akzeptieren, mit denen wir nun versuchen, seine Hinterlassenschaften aufräumen, um weiterhin klarzukommen. Und damit wir auch möglichst lange was davon haben - so ungefähr die nächsten dreißig Millionen Jahre- hat Opa Helmut uns noch den Atommüll als besondere Knobelaufgabe hinterlassen. :-!

Normalerweise müsste ich Helmuts Weltanschauung als Senilität oder Altersstarrsinn abtun, doch leider gehört Opa Helmut zur wahlentscheidenden Altersgruppe in Deutschland. Daher spiegeln sich seine Ansichten leider allzu häufig in der aktuellen Politik wieder. Obwohl die digitale Vernetzung einen genau so hohen Stand haben müsste wie zum Beispiel die Versorgung mit Trinkwasser und Elektrizität, wird dieser Aspekt einer guten Infrastruktur weitestgehend ignoriert. Trotz vollmundiger Versprechungen zum Netzausbau hinkt Deutschland noch massiv hinterher. Zu Viele begreifen nicht, dass es sich bei der digitalen Vernetzung um eine bedeutende Wirtschaftsressource handelt.

In den Anfängen waren deutsche Firmen sogar mal führend in diesem Bereich, sind aber inzwischen weit abgeschlagen hinter den großen Spielern wie Google oder Microsoft.

Wahrscheinlich beruht es auf Unwissenheit der Parlamentarier, aber es mangelt stark an Gesetzen und Regulierungen für die neue Technologie. Die eigene Bevölkerung davor zu schützen, ausgespäht zu werden, wäre zum Beispiel super. Im Beruf neue Konzepte und technische Fortschritte zu entwickeln, macht mehr Spaß, wenn die Arbeit nicht von irgendwelchen Diensten und Konkurrenten einfach abgegriffen (und weitergereicht) werden könnte. Stattdessen werden wir im Zuge der Datensammelwut unkontrolliert ausgeschlachtet. Und was die Großkonzerne nicht schaffen, machen dann halt die NSA und ihr britischer Assistent.

Hierzu fehlt es der deutschen Politik und Gesellschaft immer noch an einem grundlegenden Verständnis. Nötig wäre Engagement und Geld für Projekte zur Umsetzung von Datensicherheit.

Doch leider werden EU-Posten für den Bereich Digitalwirtschaft konsequent mit fachfremden Politikern besetzt, die man elegant aus der Bundespolitik entsorgen möchte. So zum Beispiel unser derzeitiger toller EU-Kommissar für Kommunikationstechnik: sieht lustig aus, redet noch lustiger und hat keine Ahnung. Ein perfektes Maskottchen, aber leider nicht mehr. >-(

Was soll ich denn noch alles lernen (Mutter)

Es wird nie ein Ende haben. Wir lernen laufen, Radfahren, Schwimmen, Autofahren. Danach beherrschen wir das ein Leben lang. Nur Digitalismus kann man nicht abschließend lernen. Die Vorstellung eines geruhsamen Alters im Schaukelstuhl mit gelegentlichen weisen Ratschlägen an interessierte Urenkel können wir uns abschminken, denn die haben alle Antworten längst gegoogelt...

Selbst für viele unserer Hobbys werden wir auf Digitalismus angewiesen sein, denn auch bei harmlosesten Tätigkeiten wie schlichter Handarbeit werden wir vermutlich nicht mehr einfach den Lichtschalter anknipsen können und die Strickwolle suchen. Bestimmt müssen wir in einer immer weiter digitalisierten Zukunft erst einem superschlauen Energiesystem irgendwelche lästigen Angaben machen, bevor die Glühbirne leuchten darf.
Ob wir später noch ohne Passwörter Kühlschränke einfach öffnen können und Herde bedienen dürfen, bezweifle ich ebenfalls. Vielleicht müssen wir uns vorher wiegen und unsere Körperflüssigkeiten analysieren lassen, keine Ahnung, aber irgendetwas Gemeines wird es schon sein.

Und wenn es um die Nutzung von Informationen geht, kann es ja nur schlimmer werden, ganz bestimmt aber unübersichtlicher. Zeitungen und Bücher in Papierform dürften bald ausgestorben sein, was unter ökologischen Aspekten immerhin noch Sinn macht.

Nur frage ich mich: Werden unsere alternden Gehirne mitmachen und sich immer wieder schnell umstellen können auf immer neue Bedienungsweisen und Funktionen? Ich kann doch jetzt schon Google-drive kaum von Google-docs unterscheiden und verwechsele das gerne mal. Geruhsam wird die Zukunft bestimmt nicht. Ich zum Beispiel lese und schreibe sehr gerne. Und zwar selbstbestimmt, nicht gesteuert von einer Maschine und ihren Vorgaben. Wie lange noch werde ich die ständigen Neuerungen begreifen und selbständig bedienen können?

Ich sehe sie regelrecht vor mir, die speziellen Roboter für Alte und Behinderte: Sie werden für uns kochen, putzen, uns vorlesen und sogar unsere Gedanken aufnehmen, womöglich auch noch unsere Toilettennutzung bestimmen. Wer weiß schon, wie in zwanzig Jahren unsere Toiletten funktionieren werden? Mit Handbewegungen werden wir unsere automatischen Helfer steuern können und vielleicht legen sie sogar unsere Puzzles oder häkeln unsere Topflappen. Aber sie werden das nach ihrer automatisierten Logik tun und nicht nach unseren individuellen Eigenheiten. Weil ich nicht so behandelt werden will, bleibt mir nur die Alternative des ewigen Weiterlernens im Digitalismus und ich werde niemals entspannt sein dürfen.

Ich gebe es zu: Mir reichen die jetzt vorhandenen Möglichkeiten aus. Ich will in zwanzig Jahren keine neue Textverarbeitung mehr lernen müssen oder völlig neue Methoden der Kommunikation. Doch ich bin sicher, dass sie unweigerlich kommen werden, ich kann dem nicht entrinnen. Scheußlich!

Bleiben Sie optimistisch! (Sohn)

Wenn Sie ähnlich wie meine Mutter zu den Leuten gehören, die so ihre liebe Mühe mit der digitalen Welt haben und sich oft unsicher sind, will ich Sie jetzt nicht ganz im Regen stehen lassen:
Wenn es um Anwendungen und Funktionen geht, lautet das oberste Gebot: "Ausprobieren!" Learning by doing ist die Prämisse. Schlaue Lehrbücher nützen nichts. Wenn man etwas nicht hinbekommt, einfach Google fragen. Hier findet man (fast) alle Antworten. Ansonsten sollten Sie einfach mal ausprobieren, was passiert, wenn Sie diese Funktion wählen oder jenen Button drücken. Alle Meldungen des Rechners sollten Sie lesen. Und niemals die rechte Maustaste vergessen. ;-)

Doch wenn Sie im Internet unterwegs sind: Bitte nicht naiv sein! Wenn Sie sich nicht sicher sind, erwarten Sie lieber ganz skeptisch das Schlimmste. Insbesondere auf unbekannten Seiten müssen Sie immer kritisch bleiben, bevor Sie dort irgendwelche Angaben machen. Ist man sich nicht völlig sicher, was man machen darf, lässt man es einfach sein! Und - natürlich- Google fragen.

Als Letztes noch die ganz wichtige Grundausstattung (für Windows):
1. Antiviren-Programm installieren und immer aktualisiert halten (es gibt verschiedene, auch kostenlose, Programme).

2. Nicht den Internetexplorer nutzen, denn der ist immer das Angriffsziel Nummer eins für kriminelle Hacker, stattdessen zum Beispiel den Firefox installieren.
3. Windows sollte immer aktuell sein, also aktivieren Sie bitte die Zulassung der automatischen Updates.

Sie wissen nicht, wie man den einen oder anderen der Punkte erledigt? Einfach Google fragen!
Oder aber Sie nutzen gleich das alternative (freie) Linux System, wenn Sie sich das zutrauen oder die passende Hilfe bekommen. Damit haben sich all die Sicherheitsprobleme auf einmal erledigt. Benutzen Sie jedoch einen MAC, dann kaufen Sie sich erstmal einen richtigen Computer. :-p

Falls Sie auf der anderen Seite stehen und wie ich zum tragischen Personenkreis derer gehören, die zwar sicher in der digitalen Welt unterwegs sind, aber ständig genötigt werden, den personal support für jemand anderen zu spielen, gebe ich folgende Ratschläge:
1. Es geht nicht darum, den schnellsten und effizientesten Weg zu vermitteln, sondern den, der sich am einfachsten einprägt. Tastenkürzel nur enthüllen, wenn sichere Grundlagen vorhanden sind.
2. Komplexere Programme und Funktionen, die nicht unbedingt benötigt werden, deaktivieren oder gleich deinstallieren.
3. Ist das Anforderungsspektrum des Nutzers sehr gering, z.B. für nur ein bisschen Textverarbeitung und Internet, ist

Linux (z.B. mit Ubuntu) eine extrem sichere Alternative zu Windows.
4. Die Möglichkeit eines Remotezugriffs auf den betreuten Rechner ist besonders hilfreich. Dies geht betriebssystemübergreifend mit Chrome sehr gut. Es lohnt sich, diesen Zugriff gemeinsam vorher mehrmals zu üben.

Zu guter Letzt: immer die Ruhe bewahren und nur festgelaufene Wege benutzen. Es ist effektiver, dieselbe Herangehensweise öfters zu erklären als zu versuchen, eine neue Methode zu vermitteln, in der gutgemeinten Absicht, es dem Anwender zu erleichtern. In der Regel führt dies nur zu erhöhter Verwirrung. Lerneffekte stellen sich halt nur durch mehrfaches Wiederholen ein, eventuell auch gar nicht. :-(

Anmerkungen zu meinem Part:

Dem versierten Leser wird auffallen, dass ich viele Ausführungen und technische Erläuterungen sehr oberflächlich und pauschalisiert dargestellt habe. Das war Absicht. Ich habe versucht, eine Sprache zu finden, die auch von meiner Elterngeneration oder anderen Laien nachvollzogen werden kann. Gegen Langeweile habe ich gelegentlich überzogene Beispiele und häufig Ironie eingesetzt.
Wenn Sie dennoch der Meinung sind, dass nicht alle Fragen mit gebührender Genauigkeit behandelt wurden, haben Sie recht. Dies ist kein Anwenderhandbuch mit technischen

Anleitungen. Ich bevorzuge das Prinzip Hilfe zur Selbsthilfe. Und die soll auch Spaß machen...

Nachsatz: Dem einen oder anderen mag meine geringfügige Abneigung hinsichtlich Apple Produkten aufgefallen sein. Diese liegt weniger am fragwürdigen Preis-Leistungsverhältnis, der arroganten Firmenpolitik oder der Klagewut von Apple gegen alles und jeden, auch nicht am kompletten Abschotten des Systems, sondern an dem - sagen wir mal – bemerkenswerten Fanatismus so mancher Apple-Nutzer bzw. iSheeps. Beim Erwerb von Apple-Produkten ist kreativer Spott anderer Käufer eben im Preis inklusive. Für weitere unsachliche, aber sehr lustige Anregungen empfehle ich die Facebookgruppe "Apple sucks". =-)

Peter Greschke, Mai 2015